从政策制定到企业实践

国有资本运营
背后的探索足迹

周渝波 ◎ 著

中国财经出版传媒集团

经济科学出版社
Economic Science Press

·北 京·

图书在版编目（CIP）数据

从政策制定到企业实践 ： 国有资本运营背后的探索
足迹／周渝波著． -- 北京 ： 经济科学出版社，2025.
3. -- ISBN 978 - 7 - 5218 - 6772 - 5

Ⅰ. F123.7

中国国家版本馆 CIP 数据核字第 20250WN258 号

责任编辑：王红英
责任校对：蒋子明
责任印制：邱　天

从政策制定到企业实践：国有资本运营背后的探索足迹

CONG ZHENGCE ZHIDING DAO QIYE SHIJIAN

GUOYOU ZIBEN YUNYING BEIHOU DE TANSUO ZUJI

周渝波　著

经济科学出版社出版、发行　新华书店经销

社址：北京市海淀区阜成路甲 28 号　邮编：100142

总编部电话：010 - 88191217　发行部电话：010 - 88191522

网址：www. esp. com. cn

电子邮箱：esp@ esp. com. cn

天猫网店：经济科学出版社旗舰店

网址：http：//jjkxcbs. tmall. com

固安华明印业有限公司印装

710×1000　16 开　17.5 印张　200000 字

2025 年 3 月第 1 版　2025 年 3 月第 1 次印刷

ISBN 978 - 7 - 5218 - 6772 - 5　定价：68.00 元

（图书出现印装问题，本社负责调换。电话：010 - 88191545）

（版权所有　侵权必究　打击盗版　举报热线：010 - 88191661

QQ：2242791300　营销中心电话：010 - 88191537

电子邮箱：dbts@ esp. com. cn）

前　　言

　　改革是党和人民事业大踏步赶上时代的重要法宝。进入新时代以来，以习近平同志为核心的党中央以前所未有的决心和力度推进全面深化改革，啃下了不少硬骨头，闯过了不少急流险滩，开创了以改革开放推动党和国家各项事业取得历史性成就、发生历史性变革的新局面。2024 年是全面深化改革又一个重要年份，党的二十届三中全会在北京胜利召开，会议通过了《中共中央关于进一步全面深化改革，推进中国式现代化的决定》，对在新时代新征程上进一步全面深化改革作出了总体规划和顶层设计，构筑了推进中国式现代化的全景图。国有企业改革作为经济体制改革的重点和中心环节，又到了一个新的重要关口。

　　我们这代人，人生轨迹横跨改革开放前后两个历史时期，是改革开放这一伟大事业的亲历者、见证者、拥护者。改革，也是贯穿我一辈子工作的重要主题。我的工作经历主要可以分为两个阶段。2018 年之前，我长期在政府部门工作，先后在化学工业部、国家经贸委等部门任职。党的十六大作出改革国有资产管理体制的重大决策，2003 年，国务院国资委应运而生，我就此开启在这里的 15 年职业生涯。国有资产监管是一项创新性很强的工作。如何解决过去"九龙治水"的问题，如何实现国有资本保值增值，如何激发国有企业活力效率……之后的 15 年时间里，我和我的同事们在国企改革和国资监管领域不断探索，从《企业国有资产监督管理暂行条例》到《企业国有资产法》等法律法规的起草制定，从产权管理、财务评价、考核分配到公司治理、资本运营、监督追责等规章规范性文件的制定完善，全面完成了立柱架梁、夯基垒台的工作，基本建立起一套行之有效的中国特色国资监管制度体系，厘清了国有企业、国资监管机构、政府公共管理部门的权责边界，推动了企业所有权和经营权相分离，实现了国有企业与社会主义市场经济深度融合。

2013 年，党的十八届三中全会作出开展国有资本投资、运营公司改革的决策部署，中国国新控股有限责任公司（以下简称"中国国新"或者"国新"）作为国务院国资委组建的两家国有资本运营公司之一，成为新一轮改革的重要产物。受组织委派，2018 年我到中国国新担任党委书记、董事长。国有资本运营公司的试点探索，没有成熟模式可以套用，也没有现成的经验可以借鉴，一切都需要摸着石头过河。来到国新后，在国务院国资委的直接领导下，乘着新一轮改革东风，我与国新的同事们一道在改革中探索、在探索中成长。立足运营公司特殊功能定位，积极拓展业务领域，完善国有资本运营体制机制，构建"资本＋人才＋技术"轻资产运营模式，注重以提高资本运营效率和回报为目标，在加快资本流动中促进布局优化和科技创新。通过"试体制、试机制、试模式"，中国国新交出了一张国有资本运营公司试点的合格答卷，蹚出了一条具有国新特色的国有资本运营之路。

　　从政策制定的参与者到企业发展的领头人，我很幸运能有机会将自身积累的政策理论用于指导实践，同时在实践中进一步丰富自己的理论认识。回望来时路，既有坦途也有险滩，既有平川也有陡坡，既有直道也有弯路，于是便萌生了撰写一本书的想法，希望借此机会系统梳理一下工作以来，特别是进入新时代以来，个人的一些认识和体会。本书以近十几年来个人发表的文章、讲话和讲座为基础整理改编而成，分为上、下两篇。上篇为国资国企监管篇，以政策理论探索为主，主要阐述了我在国资委工作期间对国资国企改革、国有资产监管、国资国企改革与法治等方面的认识，核心是理顺政府与企业的关系，在法治轨道上推进国企改革；下篇为国有资本运营篇，以实践做法及经验体会为主，主要阐述了我在中国国新工作期间对"建设一个什么样的运营公司"，以及"如何做好国有资本运营工作"的思考，包括运营模式、运营战略、风险防控、管理提升、队伍建设和国企党建等方面内容。

千淘万漉虽辛苦，吹尽狂沙始到金。我深知国有资本运营是一项极具开拓性、挑战性和创新性的事业，中国国新的改革探索依然在路上。真诚希望借此书的出版，能够为国有资本的运营和管理提供有益参考，也为从事这份事业的后来人提供一些借鉴。如有不妥之处，请大家批评。

2024 年 8 月

目 录
CONTENTS

国资国企监管篇

I

国有资本运营篇

国资国企监管篇

一 国资国企改革

国有资本运作必须为国有企业产业发展、科技创新、业务转型升级提供支撑，不能简单地以保值增值作为唯一目标，关键是要在流动中实现资本要素与其他生产要素的有效匹配，从而提高企业全要素生产率、增强产业控制力。

国资管理体制改革的几点启示[*]

　　国企国资改革是一项世界性难题，特别是我国在公有制为主体、多种所有制经济共同发展的基本经济制度下，在由计划经济向市场经济转轨的大背景中进行这项改革，其难度之大史无前例。1984 年以来，经过 30 多年艰苦探索，国资管理体制改革逐步摸索出了一整套行之有效的经验和规律。特别是以下几点启示，值得继续坚持和深化完善。

一、增强国有企业活力与国有经济竞争力，始终是国资管理体制改革的试金石

　　30 多年来，国资管理体制改革尽管经历了几次大的调整，但不论怎么改，其目的都是要解放和发展生产力，增强国有企业活力和国有经济竞争力。1984 年我国提出有计划的商品经济时，就强调增强企业活力是经济体制改革的中心环节。1993 年确立社会主义市场经济体制，提出将国有企业打造成为独立市场主体，其核心也是全面释放国企活力。当前，深化完善国资管理体制，其重要的衡量标准仍然是能否

---

　　* 此文节选自 2016 年 1 月 20 日中央党校《理论动态》第 2055 期《国资管理体制改革方向探析》。

增强企业活力、做强做优做大国企、发展壮大国有经济。从根本上讲，这是由以公有制为主体、多种所有制经济共同发展的基本经济制度所决定的。

2015年7月，习近平总书记在考察吉林长春时明确指出，"推进国有企业改革，要有利于国有资本保值增值，有利于提高国有经济竞争力，有利于放大国有资本功能"。这"三个有利于"从全局和战略的高度，为推进国企国资改革确立了更加明确的检验标准。从体制上看，一般股东都要关注资本的保值增值，作为国有股东应当同时关注提高国有经济竞争力，党的执政基础层面则还需关注放大国有资本功能。所以，"三个有利于"要求完整体现了经营性国有资产的目标及使命。按照这一要求，国资管理体制改革只有始终以增强国企活力和提升国有经济竞争力作为目标方向，才能确保各项改革措施沿着正确的轨道向前推进。

二、不断探索理顺政府与国有企业关系，是国资管理体制改革的主线和核心内容

从国资管理体制改革历程看，正确处理政府与国有企业的关系，一直是体制改革需要解决的核心问题。在这条主线上，可以清晰地看到"一分一合"的改革脉络。"分"主要是指在落实国有企业经营自主权层面，按照所有权与经营权

相分离的原则，不断推动政企分开、政资分开，最终实现政府公共管理职能、国有资产监管职能与企业自主经营权三者分离，将经营权全面放归企业。"合"主要是指在经营性国有资产监管层面，推动政府有关部门、机构逐步实现集中统一监管，先后通过组建国有资产管理局、撤并专业经济部门和设立国资委等改革措施，实现国有资产监管职能由专业化的出资人代表机构集中行使。

"一分一合"的改革脉络，与国资管理体制改革的三次大调整也是相契合的。其中，"分"的脉络是随着政府与国有企业的关系调整而不断向前演进的，从附属关系到委托关系再到出资关系，政企分开、政资分开的程度越来越深；"合"的脉络则是随着政府对国有资产的监管模式调整而不断推进的，从物权模式到债权模式再到股权模式，政府逐步将监管国有资产的职责集中到专门机构，通过统一行使股东权监管经营性国有资产的趋势越来越明显。总之，"一分一合"的改革脉络，是一个国资管理体制改革逐步适应市场经济规律及企业发展规律的过程，是一个上层建筑逐步适应经济基础的过程。下一步完善国资管理体制，应当沿着"一分一合"的改革脉络，顺应基本规律继续向前推进，防止在政府机构设置、职能调整上走回头路。

三、着力打造专业化的出资人代表机构，是国资管理体制改革对政府职能转变提出的必然要求

改革实践表明，在政府层面构建一个国有资产出资人代表机构，专司国有资产监管职能，既有利于国有资源的优化配置和国有资产的专业监管，又有利于推动政府公共管理部门职能转变，改变经营性国有资产行政化监管方式。从权力属性上看，政府公共管理职能是公权力，管理对象是各类所有制企业；而国有资产监管职能是基于国家出资所形成的权利，其监管对象仅限于国有资本。在社会主义市场经济条件下，政府社会公共管理职能与国有资产出资人职能必须分开，否则，势必造成公共管理者与出资人代表两种角色的混同和矛盾，不利于各类市场主体的公平竞争。在国资管理体制改革中，需要始终把握好"两个不行使"原则，即社会公共管理部门不行使国有资产出资人职能，国资监管机构不行使社会公共管理职能。党的十八届三中全通过的《中共中央关于全面深化改革若干重大问题的决定》明确指出，要使市场在资源配置中起决定性作用和更好发挥政府作用。这对推动政府职能转变提出了更高要求，需要政府部门进一步转变观念，将企业的事放归企业，将出资人的事转由出资人代表机构行使，从而为国有企业更加有效、更加公平地利用市场配置资源创造条件。

当前，国有企业加快"走出去"参与国际竞争的新形势，客观上也要求进一步加快政府职能转变，确保国有企业独立的市场主体地位。在我国国资管理体制设计上，应当坚持"政企分开、政资分开"原则，着力打造专业化的出资人代表机构，以此作为政府与国有企业的"隔离墙"，从而避免因"政资不分"授人以柄，影响国有企业市场化、国际化进程。

四、坚持权利、义务和责任相统一，是确保国资管理体制有效运行的重要原则

国有资产属于全体人民所有，各级政府及有关国资监管机构是代表人民管理国有资产的。与一般私有财产所有权人是具体的、特定的自然人或者法人不同，国有资产的终极所有权人具有虚拟化的特点。正是这种所有权主体的虚拟化，要求在监管体制设计上，必须明确监管主体的法定地位，确保其权利、义务和责任相统一，从而使虚拟的人格具体化、特定化，否则就容易带来国有资产流失，也难以落实国有资产保值增值的责任。

回顾国资管理体制改革历史，在每一个改革阶段后期所暴露的问题，很大程度上都是由于权利、义务与责任不匹配引起的。比如，1988 年，国家设立了国有资产管理局，这是新中国成立后第一个专职从事国有资产管理的政府职能机构，但由于其实际上只行使国有资产基础管理职

能，更趋向于国有资产的登记管理机构，"管人与管事"都不在其职能范围内，因而在国资领域并未形成权利、义务、责任相统一的监管体制。1991 年，《中华人民共和国国民经济和社会发展十年规划和第八个五年计划纲要》指出：建立合理的国有资产管理体制，将政府行政管理职能与资产所有者代表的职能分开。一些省市据此建立了由三个层次构成的国有资产管理和运营体系：第一层级是国有资产管理委员会，第二层级是国有资产经营公司，第三层级是国有全资、控股、参股企业。这一模式虽然从理论上试图将国有资产所有者职能、运营职能和生产经营职能三者分开，但由于各层级的责权利并不清晰对应和统一，各自权利、责任均无法落实，在实践中并未取得良好效果。因此，下一步国资管理体制改革，应当继续着力纠正在国资监管方面存在的权利义务不对应或者错位现象，聚焦出资监管，实现权利、义务和责任的统一。

五、突出问题导向，是持续推动国资管理体制改革和完善的基本遵循

改革由问题倒逼而产生，又在不断解决问题中得以深化。30 多年国资管理体制改革历程，是一个不断发现问题、解决问题的过程。比如，1987 年全国普遍推行承包经营责任制，但出现了包盈不包亏问题，而且助长了企业重生产、轻

投资、拼设备等短期行为，为此，从 1989 年开始，国有企业进行了股份制改革试点，以公司制形式确立了企业自主经营、自负盈亏的经营模式。又如，1997 年，国有企业在短缺经济下建立起来的"大而全""小而全"的生产体系，随着市场进入买方市场，绝大多数商品处于供大于求的状况，多个行业出现产能过剩。与此同时，企业外部受亚洲金融危机影响，内部面临财政和金融系统停止对国企输血的压力，全国国企陷入经营困难。针对这些问题，从 1998 年起采取了"三年脱困"的各项改革举措，按照"抓大放小"思路对国有企业进行战略性改组，通过兼并、破产淘汰亏损企业，同时推动国有大中型骨干企业初步建立现代企业制度。再如，21 世纪初，在国有大中型企业经过"三年脱困"逐步走出困境的时候，由多个综合经济部门管理国企的国资管理体制，已经严重滞后于国企改革的市场化进程和我国加入世贸组织后新形势的要求。为此，党的十六大作出了建立新的国有资产管理体制的重大决策，通过成立国有资产监督管理委员会，第一次实现了政府公共管理职能与国有资产出资人职能的分离，解决了长期存在的国有资产出资人代表缺位和国有资产多头管理的问题。所以，国企国资改革的历程表明，只有敢于直面问题，以问题为切入点和发力点，才能为不断深化改革注入动力源泉。

党的十六大确立的国资管理体制运行十余年来，虽然取得了明显成效，但也逐渐暴露出一些不适应国企改革发展的矛盾和问题：一是在政府层面，政企不分、政资不分现象没有完全解决。目前，仍有相当一部分经营性国有资产和国有企业由政府公共管理部门、事业单位及其他组织监管；一些行业领域国资监管政出多门、资源分散、效率不高；一些地方和部门仍然将国有企业作为其下属单位，国企经营发展受到的不当干预或约束仍然很多。二是在国资监管机构层面，越位、缺位与不到位现象同时并存。国资委依法行使股东权管理国有企业的意识仍需进一步增强，一方面，对企业管得过多过细，且习惯于采用事前审批、核准等行政化方式；另一方面，在一些监管事项上又存在缺位、不到位现象，对国有企业的监督亟待强化，对企业国有资产损失的责任追究亟待加强。三是在企业层面，国企"放不活、管不住"问题仍比较突出。国有企业活力不足，完善的公司治理结构尚未建立，企业内部"三项制度"改革远未到位，管理效率低下、激励机制缺乏等国企弊端没有根本解决。同时，国有企业腐败案件多发、频发，企业违规经营责任追究难以落地，国有资产发生重大损失"打不了板子"现象不容忽视。

因此，新时期完善国资管理体制同样应当遵循问题导向，要围绕上述三个层面的问题，切实解决好国有企业增强活力与加强监管的结合、国资监管机构监管到位与不越位的结合、政府部门政企分开与政资分开的结合。

从"拉开出资距离"与"拉近监督距离"入手完善国资管理体制[*]

为深入规范理顺政府与国企的关系，未来国资管理体制的改革与完善，从形象角度讲，可以从"拉开出资距离"与"拉近监督距离"两个维度入手加以推进。

一、"拉开出资距离"

出资距离，即出资人与所出资企业的距离，主要通过双方权利义务的划分来体现。当前，在政府与国有企业之间"拉开出资距离"，是坚持政企分开、政资分开、所有权与经营权相分离原则，更好实现公有制与市场经济深度融合的必然要求。市场经济就是竞争经济，各市场主体独立的经营意识和商业决策是竞争的前提。我国国有财产由国务院代表国家行使所有权，国有企业作为公有制与市场经济融合的主要载体，政府及其部门与国有企业之间如何保持合理的出资距离，是确保国有企业以独立意志参与市场竞争的重要前提。

第一，以改组、组建国有资本投资运营公司"拉开出资

---

[*] 此文节选自 2016 年 1 月 20 日中央党校《理论动态》第 2055 期《国资管理体制改革方向探析》。

距离"。在现行国资管理体制下，国资委作为政府层面的出资人代表机构，是根据本级人民政府授权履行出资人职责的。党的十八届三中全会提出改革国有资本授权经营体制，实质上是要解决国资委的再授权问题：即探索对国有资本投资运营公司董事会授予部分股东权，从而进一步拉开出资人代表机构与所出资企业的距离，更好地激发企业活力。在改组、组建国有资本投资运营公司过程中，国资委按照"一企一策"原则，明确对国有资本投资运营公司授权的内容、范围和方式，探索将出资人行使的投资计划、部分产权管理和重大事项决策等权利，授权国有资本投资运营公司董事会行使。国有资本投资运营公司对授权范围内的国有资本履行出资人职责，依法自主开展国有资本运作，按照责权对应原则承担国有资产保值增值责任。

第二，以管资本为主"拉开出资距离"。党的十八届三中全会提出，以管资本为主加强国有资产监管，究其实质是要坚持以股权模式管理企业国有资产，针对国家投入企业的资本及其所形成的权益更好地实施出资人监管。按照这一要求，国资监管机构应当聚焦国有资本，以此拉开出资距离。要紧盯归属母公司所有者权益，重点管好国有资本布局、规范国有资本运作、提高国有资本回报、维护国有资本安全。要从过去主要关注企业资产总额及其变化趋势，转向同时聚焦企业国有资本总量及变化趋势上；从过去主要关注企业资产总额的结构和布局，转向同时聚焦企业国有资本的结构和布局上；从过去主要关注国有经济的运行质量，转向同时聚焦分析国有资本的运营质量上。

第三，以转变国资监管机构职能"拉开出资距离"。通过进一步厘清国资监管职能和行权履责方式，按照出资人代表定位和股东行权模式，推进国资监管机构专业化建设，实现有限监管、法治监管、阳光监管，以此准确把握出资人与所出资企业的合理距离。一是要以资本为纽带实施监管，实现"资本一线牵"，依照法律法规和公司章程规定，自觉按股比决定重大事项，通过有效约束资本来约束企业。二是要在规范的法人治理结构中行权履职，实现"董事一线牵"，加快推进建设规范董事会工作，国资监管机构对企业重大事项的管理，主要以派出董事发表意见、行使表决权等方式实现。此外，按照股东模式开展监管的另一个重要方面是推行清单监管，通过建立国资监管的权力清单、责任清单和出资人审批事项清单，明确本级政府授予国资监管机构的股东权限范围，以此划清出资人与出资企业之间的权利边界。

二、"拉近监督距离"

监督距离，即国有企业与外部监督力量的距离，这同样需要通过有关各方权利义务的配置来加以体现。实践表明，对国有企业的监督，外部监督比内部监督有效，社会监督比自我监督有效。因此，在加强国有资产监督层面，必须突破出资层级，"拉近监督距离"，实现监督全覆盖。这不仅是克服企业内部人控制、防止国有企业因出资链条过长而失控的有效手段，更是坚持国有企业的出资性质、确保企业认真贯彻党和国家路线方针政策所必不可少的制度安排。

第一，以加强党对国企的领导"拉近监督距离"。国有企业是我们党执政的重要基础，因此，进一步拉近监督距离，要先加强党对国企的领导。一是要在公司治理中加强党建，通过章程明确国企党组织在公司治理中的权利、义务和行权程序，保障发挥党组织政治核心作用。二是要在完善领导体制中加强党建，处理好董事会选人用人与党管干部的结合，坚持和完善双向进入、交叉任职的领导体制，通过设立专职副书记确保企业党建工作的开展。三是要在落实"两个责任"中加强党建，切实落实好国有企业反腐倡廉中党组织的主体责任和纪检机构的监督责任，完善反腐倡廉制度体系。

第二，以增强各方监督合力"拉近监督距离"。拉近监督距离，需要系统构建国有资产监督工作体系，形成内外协同联动的完整监督链条。一是要强化各监督主体在职责范围内突出重点、更好履职。企业内部监督部门要加强日常业务监督与流程管控；国资监管机构要加强业务厅局在管理中的监督；外部专门监督机构要强化纪检监察、巡视和审计监督的查处和震慑力度，加大对大案要案的查处。二是要建立高效顺畅的监督协同机制。整合各类监督力量，建立监督工作会商机制，加强统筹，减少重复检查，提升监督合力。三是要运用信息化手段提高监督效能。通过信息化促进各监督主体之间的监督信息及成果共享。通过信息公开强化社会监督，完善国有资产和国有企业信息公开制度，建立统一的信息公开网络平台，以阳光公开实现对国有资本运营的全方位监督。

第三，以落实责任追究制度"拉近监督距离"。加快构建权责清晰、有效约束、严格问责的国有资产损失责任追究制度，进一步细化责任追究的范围、程序、方式、标准等，并严格加以执行，这是拉近监督距离、确保监督效果的重要抓手。从实践看，关键要抓好三点：一是明确追责主体及程序，发现损失后由谁发起追责程序、如何调查、如何定责等，都要有明确规定，这是开展责任追究的前提和基础。二是准确界定国企经营中的正常商业决策风险与违法违规决策风险，明确主观故意或过失的追责要件，避免因追责出现国企经营管理者不敢决策、不作为等负面影响的产生。三是处理好国企领导干部贪污腐败案件与经营投资责任追究案件之间的区分与联系，实践中既有相互转化的现象，也有未涉及贪腐问题的资产损失，需要对相关案件的调查界定及移交程序等做出细化规定。

对国有企业改革任务内在逻辑的理解*

《中共中央　国务院关于深化国有企业改革的指导意见》（以下简称《指导意见》）明确提出了分类推进国有企业改革、完善现代企业制度、完善国有资产管理体制、发展混合所有制经济、强化监督防止国有资产流失、加强和改进党对国有企业的领导等新一轮国企改革六项重点任务。之后陆续出台的国有企业改革专项文件，实际上都是围绕《指导意见》六项重点任务展开的，有其内在的逻辑关系。此处归纳为四个关键词，即"企业性质、国有属性、市场化方向、效率机制"，尝试从哲学视角回答"我是谁、从哪里来、到哪里去、怎么成长"这四个问题。

一、企业性质

这主要是从完善现代企业制度的任务要求上讲的，回答的是"我是谁"这一问题。国有企业先是企业，不能将国有企业作为政府派出机构或者事业单位。完善现代企业制度，就是要着力解决这个问题。国企改革 30 多年来，应该说取

---

* 此文节选自 2016 年国务院国资委机关讲座时的提纲。

得了巨大成就，其中先表现为国有企业已经成为相对独立的市场主体，同其他所有制形式的企业一样。当然，现在问题依然不少，比如 2016 年 5 月 9 日《人民日报》发表的《开局首季问大势》特别讲道："这次产能过剩带来的一大教训是，距离上一轮国企改革 10 多年后，国企'人浮于事'仍很严重，职工'下不来''裁不掉'，企业办社会、政企不分；企社不分的问题依然突出。本轮国企改革一定要在这方面取得实质性突破，真正把国企建成能面对市场竞争、以质量效益为导向的现代企业。"所以，这一轮改革在完善现代企业制度方面对产权制度、企业治理、干部管理及薪酬分配等都提出了明确要求。我理解，其中核心是遵循规律办企业，坚持国有企业的企业性质。我们常说，企业办得好与坏，与所有制没有必然联系，关键是要遵循规律办企业。但国有企业的国有属性在遵循规律上需要解决更多的障碍问题。比如，政企分开、政资分开在非公企业是不存在的。在现实生活中，国企存在"生易死难"的问题，有的企业重组合并后裁人、境内境外有别的问题，等等。所以，落实以管资本为主的要求、以资本为纽带通过产权层面实施监管、避免行政化的干预，无疑有利于解决类似问题，按企业规律办好国有企业。

二、国有属性

这主要是从完善体制、强化监督、加强党建的重点任务上讲的，回答的是"我从哪里来"这一问题。国有属性主要是强调国企作为企业的特殊之处。主要是两条：第一条是国有企业是全民所有制企业，按照《中华人民共和国宪法》规定，国务院统一行使国有资产所有权，所以体现为国家出资。这就提出了国家对出资如何管理的问题，其中的核心是如何规范政府和国有企业的出资关系，也就是如何建立完善国有资产管理体制问题。回顾我国30多年的国有企业改革，从政府与企业关系上去梳理，是从最早的附属关系改为委托关系，再改为出资关系，再到以出资关系为基础明确出资人代表（即成立国资委）；这些关系的变化实际上意味着政府对国企管理方式的变化。从管理的权利看，可以相应划分为物权模式、债权模式和股权模式。以企业办公楼装修为例，如果是物权模式，要听监管部门指令，如果是股权模式，可以作为企业法人财产自主处理，后者显然意味着企业自主经营权扩大了。所以，我们一再讲，国资委坚持国有资产出资人代表定位，根据授权依法履行出资人职责（其中主要表现为股权），这是与出资关系、股权管理模式相适应的，是符合30多年国资监管体制改革规律的。这次强调管资本为主，主要是针对目前国资监管存在的突出问题讲的，如出资人定位不准、管得过多过细以及推动布局结构调整亟须加大力度等。《指导意见》对此明确了具体任务，包括以管资本为主推进国有资产监管机构职能转变，改革国有资本授权经营体制，推动国有资本合理流动优化配置，推进经营性国有资产集中统一监管，等等。

坚持国有属性还有一条最重要的要求，就是必须坚持党的领导、加强党的建设，这是国有企业的"根"和"魂"。中国的国有企业区别于西方国家的国企，我们的国企是市场主体，而不仅仅是补充政府职能、弥补市场作用不足的辅助手段或工具。我们之所以强调这些，一个很重要的原因就是国有企业是我们中国共产党执政兴国的重要支柱和依靠力量。所以，坚持党对国有企业的领导是重大政治原则。国有企业属于全民所有，实质上是国有资本全民所有，而全体人民对国有资本所有权的行使，需要通过国家、企业、个人的层层委托代理关系来实现，只有坚持由代表最广大人民共同利益的中国共产党作为领导核心，才能确保国有资本体现全民所有而非少数利益群体所有，才能坚持国有资本全民所有的性质，确保我们在国企改革发展中不忘初心，维护好发展好全体人民的利益。

三、市场化方向

这主要是从国有企业功能分类上讲的，回答的是"我到哪里去"这一问题。"坚持社会主义市场经济改革方向"是《指导意见》明确的国有企业改革基本原则之一。从功能分类看，国有企业无论是商业类还是公益类，无论是商业一类还是商业二类，都要实现长期可持续发展，都要做强做优做大，都要坚持市场化改革方向。这里的关键是要承认国企作为独立市场主体有其个性化的利益诉求。有专家讲，"如果从大的方面回顾，改革最为核心的变化是承认各类产权主体的物质利益追求和保护合法的经济利益。这是从 20 世纪 80年代安徽和四川农村改革实行联产承包责任制开始的，从农村改革进入国有企业的改革，直到处理中央和地方关系的税制改革，以及最近推出的金融体制改革，凡是改革成功之处，都在这一最基本的问题上坚持了市场制度的信条"。个性化的利益诉求是市场经济的价值规律、竞争规则发挥作用的微观基础。而不同企业利益诉求的基础就是投入资本带来的不同的利益诉求。所以只有以管资本为主，才能更好确立不同国有企业有不同的利益所在，保证企业独立接收市场信号并根据自身利益及时作出商业决策、平等参与市场竞争，成为独立的市场主体。

四、效率机制

这主要是从国企做强做优做大的改革任务上讲的，回答的是"我怎么成长"这一问题。《指导意见》强调，发展混合所有制经济要"以促进国有企业转换经营机制，放大国有资本功能，提高国有资本配置和运行效率，实现各种所有制资本取长补短、相互促进、共同发展为目标"。目前，多数国有企业在产权层面已经实现了多种资本混合。从数据看，全国国有企业公司制股份制的改制面已达到90%左右。2015年，中央企业全系统混合所有制企业户数占比67.7%；中央企业控股的上市公司资产总额、营业收入、利润总额，分别占全部中央企业的61.3%、62.8%、76.1%。[①] 但从公司制股份制的核心内涵看，经营机制还没有根本性变化，国企效率亟须加快提高。其中，产权配置效率是提高企业效率的基础。要通过引入社会资本实现股权多元化，以国有企业形态和股权结构的改变，为调动国有资本积极性、激发国有资本活力创造条件。此外，实现资本流动也是提高国有资本效率的关键。而国有资本的流转进退和开放融合，必然要求我们聚焦管资本为主。

以上四点，即"企业性质、国有属性、市场化方向、效率机制"，是我归纳的新一轮国企改革重点任务之间的一个内在逻辑。由此也可以看出，30多年的国企国资改革，已经探索形成了一条中国特色国企改革发展之路和自己的理论体系。从国资监管体制看，如果说从国资委成立到党的十八届

---

① 资料来源于2016年6月30日，国务院国资委就国有资产管理与体制改革情况向全国人民代表大会常务委员会所作报告。

三中全会期间，国资监管体制是以出资人到位为特征的新体制构建阶段，国有企业主要处于以效益为导向的快速扩张阶段；那么党的十八届三中全会以后，国资监管体制则进入了以出资人到位后的职责优化为特征的体制完善阶段，国有企业进入了适应新常态的转型升级、结构调整、创新发展的新阶段。

大力推动新一轮国企改革任务落地*

习近平总书记深刻指出，深化国有企业改革要沿着符合国情的道路去改。① 我们体会，作为实行社会主义市场经济的大国，无论国企国资怎么改，国有经济不能改没了，党的领导班子不能改丢了，国有企业不能改死了。《中共中央 国务院关于深化国有企业改革的指导意见》（以下简称《指导意见》）明确了新时期国企国资改革的重点任务。我们要突出重点，大力推动任务落地。

一、着眼于激发企业活力，不断夯实国有企业市场主体地位

增强国有企业活力与国有经济竞争力，始终是国企国资改革的试金石。从根本上讲，这是由我国实行以公有制为主体、多种所有制经济共同发展的社会主义基本经济制度所决定的。2015 年习近平总书记在吉林考察时提出的"三个有利于"，从全局和战略的高度，为推进国企国资改革确立了非常明确的检验标准。其中，第一条就是要有利于国有资本

---

* 此文节选自 2016 年国务院国资委组织学习交流时的发言提纲。

① 资料来源于 2015 年 7 月 17 日习近平总书记在长春同国有企业干部职工座谈时的讲话。

的保值增值，这是国企国资改革的基本目标。而第二条有利于提高国有经济竞争力，是确保"保值增值"可持续的基础，需要国有企业与市场经济的深度融合。第三条有利于放大国有资本功能，则是增强活力后国有企业必须承担的神圣使命，体现的是主导作用的发挥。所以，尽管深化国企改革任务涉及方方面面，但各项改革任务都始终要着眼于增强国企活力。这是关系国企改革基本方向的大问题。

二、通过落实企业功能分类的改革任务，注重绘制企业战略愿景

国企功能分类是《指导意见》提出的第一项重点改革任务，明确分为商业类和公益类两类，其中商业类又分为两类：主业处于充分竞争行业和领域的，主业处于关系国家安全、国民经济命脉的重要行业和领域、主要承担重大专项任务的。开展国企功能分类，主要是把握好两点：一是"怎么分"，就是要采用定性和定量结合的方法来区分功能定位；二是"分了以后干什么"，包括分类改革、分类发展、分类监管、分类定责、分类考核等。确定企业未来发展的战略愿景，是企业深化改革需要解决的一个战略目标性的问题，也是体现国企功能分类改革任务落地的应有之义。党的十八届三中全会提出了 2020 年全面建成小康社会的国家战略愿景；《指导意见》明确了到 2020 年的国企国资改革战略愿景。具

体到每一家国有企业考虑本企业的改革任务时，也要结合自身实际制定战略愿景，画好"自画像"。

三、着力推动国有企业股权多元化改革，努力为完善现代企业制度夯实产权基础

《指导意见》提出的完善现代企业制度的改革任务中，第一项内容就是推进公司制股份制改革。我们理解，今后国有企业完全的独资形式是极少数，因为即使是需要国有独资企业存在的领域，也要尽可能以国有多元股东的形式出现。所以下一步，要大力推动国有企业股权多元化改革。

目前推动股权多元化的主要途径，概括起来有以下几种：

（1）改制上市。包括推动企业集团整体改制上市、核心业务资产分板块或者将未上市资产注入已有上市公司平台等。在这方面，国有股东要特别注意规范股东行为，尤其对于关联交易、利润分配、资产重组、对外投资等重大事项，要自觉维护其他股东权利、平衡好各方利益。此外，还要注意建立健全内幕信息及信息披露管理、市值管理等机制，严格执行上市公司有关法律法规。

（2）引入战略投资者。包括通过增资扩股、股权置换等方式引进符合条件的产业投资机构或股权投资机构。在这方面，要注意公开公正，如实披露有关信息，广泛征集合格意向投资者，重点选择能够在技术、管理或资源上形成互补、

协同和放大效应的战略投资者。而且从有效制衡的角度出发，战略投资者持股比例一般不能太低。

（3）基金入股。目前北京、江苏、重庆、广东、福建、云南等多个地方依托当地国有企业，通过注入国有资本、吸纳社会资本等方式设立股权投资基金，以此加强与民营资本的合作，取得了良好效果。在基金运作过程中，要注意设计好投资目标完成后的退出机制，确保国有资本的流动性和保值增值。

（4）实施员工持股。《指导意见》明确员工持股主要采取增资扩股、出资新设等方式，优先支持人才资本和技术要素贡献占比高的企业开展试点，支持科研人员、经营管理人员和业务骨干持股。现在有的地方搞存量持股、一级企业领导班子持股、全员持股等，有的员工持股没有股权退出机制，这些都是与新的改革精神相违背的，亟须按照有关改革文件规范。

（5）国有多元。《指导意见》明确提出"对需要实行国有全资的企业，也要积极引入其他国有资本实行股权多元化"。这为中央企业与地方国企、地方国企与地方国企进行战略合作、资源整合提供了机遇。当然，涉及企业兼并重组时，还要注意采用市场化的方式，不能搞"拉郎配"。

此外，《指导意见》在推动股权多元化中提出了优先股和特殊管理股制度。《公司法》第四十二条规定，"股东会会议由股东按照出资比例行使表决权；但是，公司章程另有规定的除外"，为优先股等制度设置预留了法律空间。《指导意见》明确规定，"允许将部分国有资本转化为优先股，在少数特定领域探索建立国家特殊管理股制度"。我们理解，优先股制度可以适用于国有资本重在收益而不追求控制力的领域，保证国有资本收益权优先，但参与公司决策管理的权利受到限制。国家特殊管理股制度，主要是保障国有资本在特定领域的控制权，对特定事项行使否决权，也可以依照章程约定行使普通股权按股权比例不能享有的特殊表决权。因此，这两项制度有利于适应股权多元化需要，进一步放大国有资本功能，也有利于在特定领域保护国有经济的控制力。

四、继续深化董事会建设，实现企业治理主体的有效制衡

董事会是现代公司治理的决策主体，继续加强董事会建设，也是这次深化国企改革的重要任务。在推动股权多元化过程中，按照出资额为限承担有限责任，按照出资比例并通过章程明确股东权利，切实发挥好董事会作用，是下一步国企改革在规范公司治理结构上需要做好的一项至关重要的工作。自 2004 年中央企业开展董事会试点以来，董事会在国有企业科学决策、防范风险中发挥了重要作用，初步形成了一整套制度规范，积累了一些成熟经验。但有些企业董事会

形同虚设、"一把手"说了算的问题仍然存在，其中一个重要原因就是董事会职权落实不到位。

《公司法》规定，公司股东依法享有资产收益、参与重大决策和选择管理者等权利。对于国有企业，《公司法》专门规定：国有独资公司不设股东会，由国有资产监督管理机构行使股东会职权；国有资产监督管理机构可以授权公司董事会行使股东会的部分职权，决定公司的重大事项，但公司的合并、分立、解散、增加或者减少注册资本和发行公司债券，必须由国有资产监督管理机构决定。《企业国有资产法》还规定国有资产监督管理机构决定转让全部国有资产的，或者转让部分国有资产致使国家对该企业不再具有控股地位的，应当报请本级人民政府批准。可见，落实董事会职权于法有据、空间较大。

依法落实董事会职权，在减少行政化管理方式、防止管得过多过细的同时，也要注意不能简单地按照出资关系只管一级企业集团，在集团管控能力不足的情况下仍然"一放了之"、造成监管真空。依据《企业国有资产法》第五章对"关系国有资产出资人权益的重大事项"的规定，要注意把握：（1）第三十条规定了什么是重大事项，包括企业合并、分立、改制、上市增加或者减少注册资本，发行债券，进行重大投资，为他人提供大额担保，转让重大财产，进行大额捐赠，分配利润以及解散、申请破产等。（2）第三十一、三十二条规定了哪些重大事项可以"放"给企业，即除了国有独资企业、国有独资公司合并、分立，增加或者减少注册资本，发行债券，分配利润，解散、申请破产以及有关法律、行政法规、企业章程规定由履行出资人职责的机构决定的事项以外，其他重大事项可以由国有独资企业的企业负责人集体讨论决定，或者由国有独资公司的董事会决定。（3）第三十八条规定了重大事项下管一级的突破，即国有独资企业、国有独资公司、国有资本控股公司对其所出资企业的重大事项要参照《企业国有资产法》有关规定履行出资人职责。此外《企业国有资产监督管理暂行条例》也规定，所出资企业投资设立的重要子企业的重大事项，可由国有资产监督管理机构制定管理办法并报国务院批准。因此，在落实一级企业集团董事会职权的同时，也要加强其对下级子企业行权履职的考核监督，确保权责对应。

五、注重资本运作与业务调整相互结合，加快国有企业布局结构的优化和转型升级

《指导意见》明确要求，要以管资本为主推动国有资本合理流动优化配置。目前不少地方通过改组组建国有资本投资运营公司，探索开展国有资本市场化运作，取得了一定经验，但也出现了一些值得关注的苗头性问题。如个别企业国有资本"脱实入虚"，有的企业单纯追求资本高回报等。我

们体会，重视开展国有资本市场化运作，必须与国有企业的产业发展和实体业务调整有机结合起来，决不能搞成"两张皮"，特别是国有资本投资运营公司，一定要服务于国有资本布局结构调整的战略使命。具体而言，就是要围绕企业的产业布局、业务调整和转型升级目标，坚决退出产业链的低端，努力盘活沉淀的低效、无效国有资本；逐步集中到产业链的中高端特别是关键领域和核心环节，努力实现国有资本的有效控制；积极培育产业链的新领域、新技术，努力发挥国有资本的战略引领作用。从通过改组组建"两类公司"打造国有资本运作平台来分析，对于国有资本运营公司而言，主要通过股权运作、价值管理、有序进退等方式，促进国有资本合理流动，实现保值增值，但要注意不能偏离服务实体产业发展的大方向。对于国有资本投资公司而言，主要在关系国家安全、国民经济命脉的重要行业和关键领域，通过开展投资融资、产业培育和资本整合等，推动产业集聚和转型升级，优化国有资本布局结构。总而言之，国有资本运作必须为国有企业产业发展、业务调整提供支撑，不能简单地以保值增值作为唯一目标，关键是要在流动中实现资本要素与其他生产要素的有效匹配，从而提高企业全要素生产率、增强产业控制力。

六、加快破解体制机制障碍，大力实施创新驱动

国资委系统监管企业主要分布在实体经济领域，在强调资本运作时，既要防止"脱实入虚"，避免实体产业"空心化"，又要加快企业发展的动力转换，由要素驱动、投资驱动转向创新驱动，其中核心是加强技术创新。习近平总书记明确指出，"创新发展是更好引领新常态的根本之策"。[①] 国有企业要通过深化改革、在做强我国实体经济中更好发挥骨干支撑作用，保持基业长青、打造百年老店，都需要在创新驱动上下功夫。据有关资料统计分析，我国工业全要素生产率亟待提高。国有企业在创新驱动战略实施方面取得了一些成就，如2008～2014年，中央企业科技投入由1769.3亿元增加到4589亿元，年均增长17.2%，年度新增、拥有自主知识产权的专利数由14241件增加到81675件，年均增长33.8%。[②] 但当前面临的问题依然不少，如创新动力不足、创新技术含量不高、创新成果转化较慢，等等。所以，我们在这一轮改革中，要特别重视解决激发创新活力、实现动能转换面临的体制机制障碍问题，努力促进国有企业尽快走上主要依靠技术、管理和商业模式创新等提高产品质量、经营效益的轨道上来。

---

① 资料来源于2015年10月29日习近平总书记在党的十八届五中全会第二次全体会议上的讲话。

② 资料来源于国务院国资委统计数据。

二 国有资产监管

从法律意义分析，管资产、管企业、管资本是有明显区别的。举一个例子，企业建了一个大楼，企业自用一部分、出租一部分、转卖一部分。就大楼本身而言，属于企业的法人财产，根据《物权法》，除国家法律法规和公司章程规定外，企业依法享有占有、使用、收益、处分的权利；至于大楼哪些自用、哪些出租、哪些转卖，在企业内部由谁决定、如何决定，则适用《公司法》的规定；如果这个企业是国家出资企业，转让重大财产关系影响到出资人的资本权益，就需要按照《企业国有资产法》向履行出资人职责的机构办理相关手续。如果这栋大楼产权发生变化，无论转让双方是国有还是非国有的，都还需要到政府主管部门去变更房产登记。

努力构建国资工作新格局*

2011 年 1 月全国国资监管工作会议提出树立"大国资"理念以来，各地国资委反响热烈。我们体会，在国资委系统推动构建国资工作新格局，应当坚持"三个符合"。

一、要符合改革方向

在坚持党的十六大以来新的国有资产管理体制改革方向和原则的基础上，突出更新理念、改进作风的重点。

在国资委与地方政府及其他部门的关系上，一方面，出资人监管与行业监管、市场监管的职能要分开；另一方面，发展壮大国有经济的工作要联合。党的十六届二中全会将国资委定位为政府直属特设机构，这个"特"，不是特殊时期的"特"，而是强调国资委既不同于对全社会各类企业进行公共管理的政府行政机构，也不同于一般的企事业单位，具有特殊性质。所以，在国资委系统推动构建国资工作新格局，必须坚持政企分开、政资分开。但与此同时，在工作理念和工作方法上，则应该进一步强调对外联合。由于国有企

---

* 此文节选自 2011 年 7 月全国国资监管工作研讨班上的专题讲稿。

业生产运营所依据的法律、政策出自各级立法机关和有关行政部门，国有企业经营管理要接受政府有关部门和司法机关的行业监管、市场监管以及司法监督等。因此，各级国资委作为政府层面的出资人代表和国有资产的监管者，有责任、有义务做好与各级政府及其有关部门的工作汇报、沟通与协调，有责任、有义务及时、充分地向本级政府、向有关部门报告或者反映国有企业的合理诉求。国外跨国公司无一不重视与政府部门的沟通，我们在新的体制框架下，更应当深入做好这方面工作。要在各级党委和政府的领导下，以更加开放包容的工作姿态，主动、积极地开展工作，千方百计地争取有关部门和社会各界对发展壮大国有经济的关心、支持和帮助。

在国资委与监管企业的关系上，一方面，企业所有权与经营权要分离；另一方面，出资人代表的协调服务要加强。国有企业改革的一个核心问题是理顺其与政府的关系。自改革开放初期提出国有企业所有权与经营权相分离以来，国家先是通过委托方式探索理顺这种关系，将国有资产授予企业经营管理；后来又通过公司化改造，将委托关系逐步调整为出资关系；而国资委的组建，实际上就是按照理顺出资关系的要求，进一步明确了政府层面的出资人代表，以此确立了较为完整的具有中国特色的企业国有资产出资人制度。因此，在国资委系统推动构建国资工作新格局，需要依法把握国资委作为出资人代表的职责定位，处理好所有权与经营权的关系，对出资人职责范围内的工作，尽职尽责不缺位；对指导和推动监管企业的工作，有据有度不越位。在此基础上，还需要适应国有企业改革发展的新情况、新特点，不断更新工作理念，不断改进工作作风，注意改变以往习惯用行政手段管理企业的方式，积极探索完善出资人监管的途径、方法。要进一步加强国资委与监管企业的感情融合，在开展国资监管工作中，切实增强服务意识，急企业所急、想企业所想，注意帮助企业协调解决改革发展中的实际问题与困难。

在上下级国资委的关系上，一方面，"分级代表"原则要坚持；另一方面，系统融合要加强。各级国资委根据授权依法履行出资人职责，受本级政府领导，对本级政府负责。在国资委系统推动构建国资工作新格局，必须坚持企业国有资产"分级代表"。与此同时，按照国有资产国家所有原则，还应当认真落实上级国资委对下级政府国有资产管理工作指导监督的法定职责，进一步增进国资委系统的内部融合。各级国资委在工作对象、工作内容和工作方法上都具有相同的性质，客观上需要加强相互之间的交流、学习和支持。只有整合好系统内部资源，共同探索国资监管涉及的前瞻性、战略性和全局性的重点问题，才能保证全国企业国有资产监管工作步调一致，形成全国"一盘棋"，从而更好地实现上下联动、整体推进。

二、要符合市场导向

我国国有企业是独立的市场主体和法人实体。在国资委系统推动构建国资工作新格局，应当坚持市场导向。

在充分尊重企业经营自主权的前提下，努力拓宽企业配置资源的领域和空间。注意将维护企业独立的市场主体地位和法人财产权，与促进不同层级、不同区域监管企业之间的市场化合作结合起来。既要区别不同监管企业之间的资产范围、行业特点和经营领域，不搞"拉郎配"；又要通过提供综合协调和指导服务，努力为企业搭建信息交流、资源配置的各种平台，加强出资人的指导和推动，提高企业资源优化配置的水平。

在讲求经济效益的同时，努力在市场竞争中实现互利共赢。在推进国有企业之间的资源整合、互帮互助和央地合作、区域合作时，既要强调企业应当坚持主业发展方向，按照有利于增强市场竞争力、提高经济效益来衡量；又要鼓励企业通过市场化手段实现优势互补、互利共赢、和谐发展，努力将自己承担的经济责任与政治责任、社会责任有机地统一起来。

要立足国内、国外两个市场，主动适应经济全球化的发展趋势。适应经济全球化发展趋势，需要特别注意处理好我国国有企业的独立性问题。目前，一些发达国家和地区对我国国有企业的市场主体定位抱有偏见，认为"中国国有企业是'公共机构'"，其海外投资或贸易"具有政治目的"，因而加强了有关审查。针对这些情况，在国资委系统推动构建国资工作新格局过程中，应当坚持国有企业市场化改革的方向，既要拓宽企业全球化的视野，指导加快"走出去"步伐；又要时刻注意尊重和维护企业战略、决策和竞争的独立性，努力为我国国有企业参与国际市场竞争和全球资源配置争取良好的外部条件。

三、符合法律规定

在国资委系统推动构建国资工作新格局，应当依据《公司法》《企业国有资产法》《企业国有资产监督管理暂行条例》等法律、行政法规的规定，严格按照法定职责，遵守法定程序。

在职责定位上，坚持出资人职责与面上监管职责相结合。根据国资委"三定"规定，国资委在依法履行出资人职责的同时，还承担着国有资产面上监管职责。这两项职责是不可分割的有机整体，两者统一于国有资产的国家所有。目前，国资委系统还不同程度地存在"重履行出资人职责、轻面上监管职责"的现象。因此，推动构建国资工作新格局，需要各级国资委依照法定职能，将出资人职责与面上监管职责有机结合起来，使两项工作齐头并进，互相推动，不断深化。

在职责边界上，坚持依法行权履责与创造性地开展工作相结合。依法行权履责是对各级国资委的基本要求。但国资监管工作极具挑战性、极具探索性，许多新情况新问题亟待探索解决，如混合所有制条件下的国有产权管理、对不同类型企业的分类考核、对重要子企业的监管等。因此，推动构建国资工作新格局，一方面，要遵守有关法律、行政法规，强调上级国资委不能代替下级国资委作决定、国资委不能代替监管企业作决定，要依照法定职责边界，避免越权和越界；另一方面，还应该针对国资监管实践中的新情况新任务，注意发挥国资委系统联合融合整合的力量，勇于开拓创新，不断探索、丰富和完善相关立法，共同提高国资监管工作的能力和水平。

在履职程序上，坚持程序合法规范与及时指导服务相结合。依法行权履责，不仅要求各级国资委严格按照法定权限办事，而且还要求按照法定程序办事。推动构建国资工作新格局，在强调工作流程合法、规范的前提下，需要更加重视有关协调服务工作的及时性和有效性。要注意把握有关问题协调解决的最佳时机，努力避免久拖不决，尽可能防止对监管企业生产经营和国有资产保值增值产生负面影响。

把握好国有资产监管的六组关系[*]

　　《中共中央　国务院关于深化国有企业改革的指导意见》（以下简称《指导意见》）提出了加强国资监管方面一系列改革任务，包括以管资本为主推进国资监管机构职能转变、改革国有资本授权经营体制、推动国有资本合理流动优化配置、推进经营性国有资产集中统一监管等。在推进这些重点工作中，需要探索把握以下六组关系。

　　从监管目标看，把握好增强活力和加强监管的关系。《指导意见》明确指出，增强活力是搞好国有企业的本质要求，加强监管是搞好国有企业的重要保障。我体会，活力与监管的关系问题，实质上体现的是资本与劳动的关系。在社会主义市场经济条件下，激发活力与加强监管并不矛盾，两者是辩证统一、手心手背的关系。可以说，激发活力是目标，加强监管是手段；激发活力是根本，加强监管是保障；激发活力是前提，加强监管是底线。为此，要突出抓好"五个结合"：即将加大授权与加强监督有机结合，在进一步扩大对国有企业授权的同时，强化国资监管体系建设；将统一

---

　　* 此文节选自 2016 年国务院国资委机关讲座时的提纲。

监管与因企施策有机结合，继续坚持经营性国有资产集中统一监管，同时将分类改革的要求落到实处，提高监管的精准性和专业性；将加强党的领导与完善公司治理有机结合，既要充分发挥党组织把方向、管大局、保落实的作用，又要保证其他治理主体依职履责、发挥作用；将激励机制与约束机制有机结合，通过正向激励重点解决企业经营者干事创业内在动力不足的问题，通过规范约束重点解决企业经营者勤勉履职外部压力不足的问题；将追责机制与容错机制有机结合，进一步完善国有资产违规经营责任追究制度，落实追责机制，同时正确区分腐败行为、违法违规决策与正常经营决策失误之间的界限，创造良好的改革环境。

从监管主体看，把握好国资委和监管企业、上级国资委和下级国资委的关系。面向监管企业，要尊重国有企业独立的市场主体地位、资本活力，通过完善制度依法为国资监管画框明界，实施有限监管，坚持所有权和经营权相分离原则，主要从产权层面通过公司治理结构去实施监管，依法不干预企业自主经营权，不直接插手企业具体经营管理行为，将通过市场配置资源的权力真正交给企业。面向下级国资委，要尊重"国家所有、分级代表"的企业国有资产管理制度，将做好顶层设计和鼓励基层首创结合起来。目前地方国有企业资产规模是中央企业资产规模的 1.5 倍（2015 年底，国资委系统监管企业资产总额 119.9 万亿元，其中，中央企业47.6万亿元，地方国企72.3万亿元），企业数量多、行业分布广、规模大小不一、功能分类比较复杂。要鼓励地方在国企国资改革中大胆探索和积极创新，为面上推进改革提供经验。

从监管内容看，把握好出资人管理和国有资产监督的关系。一方面，出资人管理强调"一级对一级"。国资委行使的出资人权利，从权利性质而言是以产权为基础的一种民事权利。因此依法对国有企业进行出资管理，主要是在国有一级企业层面依据出资比例和法定程序展开，法无特别规定不能直接干预子企业。在混合所有制企业中，国资委作为政府层面出资人代表，与其他股东的法律地位是平等的，在依法实施管理时要注意尊重其他股东的合法权益。还需要指出的是，"一级对一级"是法律明确的权责界限，强调这一点，有利于落实国企的有限责任，特别是有利于"走出去"的国企防止被"刺破公司面纱"，造成巨额国有资产损失。在具体实践中，出资人管理突破层级的，一定要符合相关法律手续，防止授人以柄。这是从出资人管理层面讲的。另一方面，国有资产监督必须突破出资层级实现全覆盖。要全面加强对国有资产的监督，突破出资层级，实现全覆盖，是政府代表人民管理国有资产所必须承担的重要责任。国有出资到哪儿，监管就要延伸到哪儿。下一步关键是企业内部监督要起作用，出资人监督要有效，外部纪检巡视审计监督要协同，社会监督要有平台，监督与问责要结合起来。

从监管重点看，把握好管资本和管党建的关系。管党建是管资本的应有之义，这是由我国国有资本的根本属性决定的，不能将管党建与管资本割裂开来，更不能将两者对立起来。要坚持党对国有企业的领导，发挥企业党组织的领导核心和政治核心作用，保证党和国家方针政策、重大部署在国有企业贯彻执行；要把提高企业效益、增强企业竞争实力、实现国有资产保值增值作为国有企业党组织工作的出发点和落脚点，加快建设中国特色现代国有企业制度，明确企业党组织在决策、执行、监督各环节的权责和工作方式，推动党组织领导核心和政治核心作用组织化、制度化、具体化。

从监管手段看，把握好事前制度规范和事中加强监督、事后强化问责的关系。要运用法治化、市场化的方式加强国有资产监管，大力推进国资监管机构专业化建设，加快其从行政化的行权方式转向股东式的监管方式，实现有限监管、法治监管、阳光监管。要以资本为纽带实施监管，实现"资本一线牵"，依照法律法规和公司章程规定，自觉以资本为纽带，按股比决定重大事项，重视通过公司章程有效约束企业。要在规范的法人治理结构中行权履职，实现"董事一线牵"，加快推进建设规范董事会工作，国资监管机构对企业重大事项的管理，主要以派出董事发表意见、行使表决权等方式实现。要探索实行清单式监管。结合政府职能转变"简政放权、放管结合、优化服务"的有关要求，在经济管理上借鉴发达国家的准入前国民待遇加负面清单管理的做法，通过建立国资监管的权责清单，明确本级政府授予国资监管机构的股东权限和责任范围，以此划清出资人与出资企业之间的权责边界。

从监管理念看，把握好规模速度和效益质量的关系。在国有资本发展形态上，更加关注布局结构。要推动国有资本向关系国家安全、国民经济命脉和国计民生的重要行业和关键领域、重点基础设施集中，向前瞻性战略性新兴产业集中，向具有核心竞争力的优势企业集中。坚决退出产业链的低端，盘活低效、无效国有资本；逐步集中到产业链的中高端特别是关键领域和核心环节，实现国有资本有效控制；积极培育产业链的新领域、新技术，发挥国有资本战略引领作用。在国有资本发展动力上，更加关注创新驱动。要着眼于生产要素的优化配置，着力调动资本的积极性、管理的积极性和人的积极性特别是企业家的积极性，促进国有企业尽快走上依靠技术、管理和商业模式创新提高产品质量、经营效益的轨道上来。在国有资本发展指标上，更加关注提质增效。在考核评价中高度重视企业经营发展的质量和效率，科学考查企业的资本收益率、要素生产率、主业贡献率、同业竞争力等综合指标，指导督促企业做好压缩管理层级和法人层级、化解过剩产能等工作。在国有资本发展过程中，更加关注风险防控。指导推动企业建立健全风险防范机制，重点关注并防范好企业改制，资产和产权转（受）让，关联交易，重大物资、劳务采购以及工程招投标，境外资产和项目运作，融资性贸易、金融产品及衍生品交易等方面的风险隐患。

以管资本为主加强国有资产监管*

首先，要明确"以管资本为主"是一个工作目标，需要有一个实现的过程。比如，就国资委而言，"以管资本为主"就是要求我们坚持政府层面出资人代表定位，根据授权依法对国有一级企业履行出资人职责，监管对象主要是企业中的国有资本，监管方式主要是通过公司治理结构行使股东权利。但这是一个理想状态，要实现以上目标，需要国资委加快完成监管职能的调整、监管方式的转变，需要有一个不断探索、循序渐进的过程。

就国有企业而言，这项工作与当前推进的很多项改革任务都是紧密联系在一起的。比如，国有资本投资、运营公司的改组组建，完善企业法人治理结构和落实董事会职权，等等。总之，国资委"放好权"与企业"接好权"必须统筹推进，不能因为提出"以管资本为主"，国资委很多该管的事情都不管了，导致国有资产监管出现一些真空领域。所以，这也要求我们必须做好相关工作的衔接。

其次，要厘清"以管资本为主"是一项工作任务，需要有

---

* 此文节选自 2016 年国务院国资委组织学习交流中的发言提纲。

切实措施加以落实。"管资本"的主要内容应该包括四个方面：（1）管好国有资本布局，即围绕国家战略和国有经济布局结构调整目标，对国有资本投向进行规范和引导；（2）规范国有资本运作，即围绕提高国有资本运营效率，加强对国有资本流转环节的规范和管理；（3）提高国有资本回报，即围绕国有资本保值增值目标，做好业绩考核评价和国有资本收益管理；（4）维护国有资本安全，即通过发挥国有资本监督合力，防止国有资产流失，落实责任追究。

以上四个方面，实际上构成了"管资本"的完整链条。那么如何来落实？根据各地实践，其主要途径和方式可以概括为"搭好平台、充分授权、规范行权"三句话。搭好平台，即改组和组建两类资本公司，划入部分中央企业国有资本，搭建起国有资本投资运营的市场化平台；充分授权，即落实中央一级企业的董事会职权，同时按照"一企一策"原则授权董事会行使股东会部分职责；规范行权，即国资委和中央企业都要坚持在规范的法人治理结构中行权履职，按照法律法规、章程依法行使股东权和企业经营自主权。

最后，要强调"以管资本为主"还是一个工作重点，需要辩证处理好为主与为辅的关系。目前一些解读认为"以管资本为主"的提出是对以前"管资产与管人、管事相结合"的否定，因此认为应当由"三管"变"一管"。

我们认为，这样的解读失之偏颇。"为主"与"为辅"

要辩证考虑。"以管资本为主"的提出无疑是坚持问题导向，但从目前实际工作重点看，在国有资产监管中强调"以管资本为主"的同时，还有一些重点工作需要做好。比如，指导推动国有企业深化改革的有关工作，包括协调解决有关历史遗留问题等；又如，为国有企业改革发展营造良好外部政策法律环境，包括参与涉及国有企业的有关重要立法和涉外对话、谈判等。实际上，"以管资本为主"和"管资产与管人、管事相结合"并不矛盾。两者的联系主要体现在，都是基于股东定位，都是源于《公司法》《企业国有资产法》规定的股东所享有的资产收益、参与重大决策和选择管理者三项主要职权。"管资产与管人、管事相结合"是对股东三项主要职权的形象概括，"以管资本为主"并不是对"管资产与管人、管事相结合"的否定。两者的区别主要体现在"以管资本为主"更加强调国有资产监管的重点对象是国有资本，更加强调通过法人治理结构行使股东权，更加强调国有资本出资人按照出资比例依法行使股东权。

以管资本为主加强国有资产监管，还要注意把握好"管资本"与"管资产""管企业"的不同。"以管资本为主"强调要坚持股东定位，依法对国有一级企业履行出资人职责，监管对象主要是企业中的国有资本。从存在形态看，"资产"是实物形态，属于企业享有的法人财产权，其运作体现在企业经营层面；"资本"属于价值形态，属于出资人享有的股东权，其运作体现在企业产权层面。因此，从法律意义分析，管资产针对的是企业法人财产权，应当由企业负责，要按照治理结构落实；管企业在市场经济条件下，应当面向各种所有制的市场主体，属于公共权力，应该由政府部门一视同仁、依法负责；只有管资本才是股东或者出资人的权利。举一个例子，企业建了一个大楼，企业自用一部分、出租一部分、转卖一部分。就大楼本身而言，属于企业的法人财产，根据《物权法》，除国家法律法规和公司章程规定外，企业依法享有占有、使用、收益、处分的权利；至于大楼哪些自用、哪些出租、哪些转卖，在企业内部由谁决定、如何决定，则适用《公司法》的规定；如果这个企业是国家出资企业，转让重大财产关系影响到出资人的资本权益，就需要按照《企业国有资产法》向履行出资人职责的机构办理相关手续。如果这栋大楼产权发生变化，无论转让双方是国有还是非国有的，都还需要到政府主管部门去变更房产登记。

这里专门讲《企业国有资产法》有关规定。其第二条对企业国有资产的定义是"国家对企业各种形式出资所形成的权益"，这显然是"资本"的概念。我们依据《企业国有资产法》通常说的"管资产"，实际上就是"管资本"。从内容看，《企业国有资产法》比《公司法》有些规定更具体、更具有特殊性，特别是在立法上确立了国资委作为政府层面出资人代表的地位，即履行出资人职责的机构。下一步落实管资本为主加强国有资产监管的要求，需进一步探索明确哪些权利由国资委根据授权行使，哪些权利可以由国资委再授权国家出资企业董事会行使，以此调整完善国资监管重点和方向。

三　国资国企改革与法治

　　国有企业改革立法要着力解决国家出资的特殊属性问题，具体可以概括为以下三个层面的问题：微观层面，国有资本的界定及法律调整问题；中观层面，企业国有资产出资人制度问题；宏观层面，国有经济的功能定位问题。

国有企业改革立法经历的三个阶段[*]

国有企业改革 30 年来，围绕增强企业活力和效率，理顺国家与企业之间的正确关系，先后采取了一系列改革措施。30 年国有企业改革的历程，实际上也是企业法律制度不断创新和完善的过程。从立法调整和规范的法律关系看，国有企业改革立法可以划分为三个阶段。

第一个阶段，通过扩权让利、两权分离等，着力于调整规范国家与企业之间的委托经营关系。

这一阶段是国有企业改革的起步阶段，始于 20 世纪 70 年代末，到 90 年代初止。1978 年 12 月召开的党的十一届三中全会拉开了我国经济体制改革的序幕。针对计划经济体制及企业"国有国营"模式的弊端，1984 年 10 月党的十二届三中全会通过的《中共中央关于经济体制改革的决定》，提出我国社会主义经济是有计划的商品经济，并正式明确增强企业活力是经济体制改革的中心环节。围绕增强企业活力，国家先后采取了大量改革措施，包括扩大企业经营自主权、实行利润包干和利改税、推行企业承包经营责任制等，调动

---

* 此文节选自 2008 年 7 月 21 日《学习时报》第 10 版《国有企业改革立法经历的三个阶段》，"俞波"是作者笔名。

企业生产经营积极性，规范政府和企业的关系，改变企业作为政府附属物的地位，使企业成为基本的利益单元。

与上述改革目标和改革措施相适应，这一阶段国有企业改革立法的主导思想是实现所有权与经营权分离，调整规范国家与企业之间的委托经营关系。为此，国务院和全国人大展开了一系列立法工作。针对国有企业的法律地位、经营自主权和企业内部管理体制，我国1979年制定了《关于扩大国营工业企业经营管理自主权的若干规定》，1981年制定了《国营工业企业职工代表大会暂行条例》，1982年制定了《国营工厂厂长工作暂行条例》，1983年制定了《国营工业企业暂行条例》，1984年制定了《关于进一步扩大国营工业企业经营管理自主权的暂行规定》，1988年制定了《全民所有制工业企业承包经营责任暂行条例》等，明确规定国营工业企业是在国家计划指导下，实行独立经济核算、从事工业生产经营的基本单位，企业建立健全党委领导下的职工代表大会制，工厂实行党委领导下的厂长负责制，厂长是工厂的行政负责人，受国家委托，负责工厂的经营管理。

与此同时，全国人大开始以法律形式调整和建立我国企业法人制度、企业破产制度和企业经营机制。1986年全国人大通过了《中华人民共和国民法通则》，以民事基本法的形式第一次规定了企业法人制度，确立国有企业的法人实体地位。1986年全国人大常委会通过了《中华人民共和国企业破产法（试行）》，为部分长期亏损、资不抵债的企业实施破产提供了依据。1988 年全国人大常委会通过了《中华人民共和国全民所有制工业企业法》（以下简称《企业法》），对企业法律地位、两权分离、企业权利义务、厂长负责制及企业党组织的作用和地位、职工民主管理形式等进行了规范。

总体上看，在改革起步阶段国有企业改革立法取得了重大突破，在依法推进和保障国有企业改革过程中发挥了重要作用。一是以法律形式建立了我国企业法人制度，确认了国有企业的法律地位。如《企业法》规定，"全民所有制工业企业是依法自主经营、自负盈亏、独立核算的社会主义商品生产的经营单位"，"企业依法取得法人资格，以国家授予其经营管理的财产承担民事责任"，从而以立法推动了企业由政府附属的产品生产者向独立的商品生产经营者的角色转变。二是明确了所有权与经营权分离的原则，确立了国家与企业之间的委托经营关系。如《企业法》规定，"企业的财产属于全民所有，国家依照所有权与经营权分离的原则授予企业经营管理""企业对国家授予其经营管理的财产享有占有、使用和依法处分的经营权"，从而打破了长期以来"国有国营"的传统模式，为减少政府部门随意干预企业生产经营、保护企业合法权益提供了法律保障。三是规范了企业内部组织体制。如实行厂长负责制，并规定企业党组织的作用和职工民主管理的形式，改变了过去那种"集体领导，无人负责"的状况。

但是，这一阶段的立法只是确认企业对国家授予其的财产享有经营权，没有明确企业享有独立的法人财产权，企业实际上是受国家委托开展生产经营活动，国家仍然要对企业承担委托人的责任。

第二个阶段，通过制度创新、战略调整等，着力于调整规范国家与企业之间的出资关系。

这一阶段是国有企业改革攻坚克难的关键时期，基本贯穿于20世纪90年代到2002年10月。1992年10月党的十四大明确提出经济体制改革的目标是建立社会主义市场经济体制。1993年11月党的十四届三中全会通过了《中共中央关于建立社会主义市场经济体制若干问题的决定》，明确提出国有企业改革的目标是"转机建制"，即进一步转换国有企业经营机制，建立适应市场经济要求，产权清晰、权责明确、政企分开、管理科学的现代企业制度。1995年党的十四届五中全会明确提出国有经济"抓大放小"的调整目标，即着眼于搞好整个国有经济，对国有企业实施战略性改组。1997年9月党的十五大进一步提出，要调整和完善所有制结构，探索公有制的多种实现形式，从战略上调整国有经济布局。1999年9月，党的十五届四中全会专门作出《中共中央关于国有企业改革和发展若干重大问题的决定》，对国有企业改革的目标、方针政策和主要措施作了全面部署，明确提出国务院代表国家行使国有资产所有权，实行授权经营，"要确保出资人到位"。在当时的改革背景下，按照现代企业制度的要求，中央和地方选择了2500多家国有企业进行了公司制股份制改革。通过转换企业经营机制、分离分流、债转股等形式，推动国有企业扭亏脱困。同时，立足于搞好国有经济实施"抓大放小"战略，通过企业改制、产权转让、关闭破产等，绝大多数国有中小型企业退出国有经济或退出市场，国有企业只生不死、只进不退的问题有了重大突破。

这一阶段国有企业改革立法由过去的委托经营转变为出资关系，开始触及国有产权制度、政企分开和政资分开等深层次问题。1992年国务院制定《全民所有制工业企业转换经营机制条例》，进一步明确企业14项经营自主权，同时明确了政府的职责。1993年12月八届全国人大常委会通过《中华人民共和国公司法》（以下简称《公司法》），在《企业法》的基础上进行了制度创新：一是明确国家作为出资人与其他出资人一样，依法享有资产收益、参与重大决策和选择管理者等权利，以出资额为限对公司债务承担有限责任。二是以法人财产权代替企业经营权，实现国有股权与企业法人财产权相互独立，公司依法享有法人财产权，独立对外承担责任，进一步完善了企业法人制度，使国有企业通过公司化改造转化为独立的市场主体。三是在企业组织体制上，建立股东会、董事会、监事会和经理层各负其责、协调运转、有效制衡的公司治理结构，代替过去的厂长负责制。《公司法》的制定，为规范引导国有企业向公司制股份制转化，建立现代企业制度，提供了重要法律依据。

但是，这个阶段的改革虽然明确了国家与国家出资企业（含国有公司，下同）之间的出资关系，并没有触及国有资产出资人代表问题。在政府与国家出资企业之间，仍然存在出资人缺位问题，以致出现政府部门多头管理、无人负责的局面，同时也难以建立切实有效的法人治理结构。

第三个阶段，通过体制改革、建立出资人制度等，着力于调整落实政府层面国有资产（本）出资人代表职责。

这一阶段以 2002 年 11 月开始的新一轮国有资产管理体制改革为标志。党的十六大提出，国家要制定法律法规，建立中央政府和地方政府分别代表国家履行出资人职责，享有所有者权益，权利、义务和责任相统一，管资产和管人、管事相结合的国有资产管理体制。2003 年 3 月，按照全国人大通过的机构改革方案，国务院成立了国有资产监督管理委员会（以下简称国资委）。之后，各省和地市两级地方人民政府相继成立了国资委。各级国资委根据本级人民政府授权，分别代表本级人民政府对所出资企业履行出资人职责。新的国有资产管理体制在政府机构设置上，实现了政企分开、政资分开，国有资产保值增值责任得到落实，国有资产监管得到加强，形成了责任落实和压力传递相统一的工作机制，有力地激发了国有企业改革的动力和发展的活力，国有企业经济效益和运行质量显著提高，国有经济总量进一步增加，国有企业竞争力进一步增强。与这个阶段改革相适应，2003 年 5 月，国务院发布了《企业国有资产监督管理暂行条例》（以下简称《条例》），明确了新的国有资产管理体制，规定了国有资产监督管理机构（即国资委）作为政府特设机构的性质和主要职责，为规范建立企业国有资产出资人制度提供了基本依据。对这个阶段的改革成果，党的十七大给予了充分肯定，明确指出：十六大以来我国国有资产管理体制改革和国有企业改革取得重大进展。

总结 30 年改革历程，每个阶段都伴随着重要立法出台和重大制度突破。回顾过去，是为了开辟未来。把握国有资产管理体制改革和国有企业改革的正确方向，进一步深化国有企业改革，完善国有资产管理体制，亟须继续加强国有企业改革立法。改革催生立法，立法推进改革。国有企业改革新阶段新任务，正在呼唤及时将近几年改革实践的最新成果总结、上升为法律制度。这应当是我们纪念 30 年国有企业改革立法的重要意义所在。

切实发挥国有企业改革立法的重要作用*

我国改革开放 30 年来，国有企业改革作为经济体制改革的中心环节，走过了充满挑战和探索的风雨历程，取得了举世瞩目的伟大成就。实践充分证明，国有企业改革是一场深刻的社会变革，必然触及广泛而复杂的利益关系，因而需要通过法律手段及时予以调整、规范、保障和促进。

一、国有企业改革立法对建立和完善社会主义市场经济法律体系具有重要的基础性作用

建立社会主义市场经济体制，必须将公有制与市场经济有机结合起来。党的十五届四中全会指出，实现公有制与市场经济的有效结合，最重要的是使国有企业形成适应市场经济要求的管理体制和经营机制。为了推进国有企业改革，从1986 年的《中华人民共和国民法通则》、1988 年的《企业法》，到 1993 年的《中华人民共和国公司法》（以下简称《公司法》），再到 2003 年的《企业国有资产监督管理暂行条例》（以下简称《条例》），逐步从法律上突破了计划经济

---

* 此文节选自 2008 年 7 月 14 日《学习日报》第 8 版《国有企业改革立法启示与展望》，"俞波"是作者笔名。

体制的框架，国有企业改革的目标措施和改革成果，通过立法不断得到确认、巩固和规范，从而为市场经济培育了微观主体，这对于建立社会主义市场经济法律体系具有重要的基础性作用。

二、国有企业改革立法要着力维护企业法人实体地位

国有企业应当符合企业属性。国有企业改革就是按照企业规律，努力使国有企业成为遵循市场规则经营发展的市场主体。30 年国有企业改革，实际上是市场化趋向的改革，国家通过一系列立法逐步确立了国有企业商品生产经营者的法律地位。《企业法》提出了所有权与经营权分离的原则，第一次作出"企业依法取得法人资格"的规定。《公司法》在明确国家与国有企业之间的出资关系和企业法人财产权的同时，规定了股东会、董事会、监事会和经理层在公司法人治理结构中的不同职责，政府部门和机构不能干预企业生产经营，这就为确立国有企业的法人实体地位提供了制度保障。《条例》明确了国资委根据授权对所出资企业依法行权履责，政府其他部门和机构不行使企业国有资产出资人职责，从而进一步巩固了国有企业的法人实体地位。实践证明，从法律上尊重并维护广大国有企业的市场主体和法人实体地位，是适应社会主义市场经济需要，不断激发广大国有企业的生机和活力，着力培育一大批国有的、相对独立的市场竞争主体的

一项根本性制度措施。

三、国有企业改革立法的关键是确认国家与国有企业之间的正确关系

国有企业不同于一般企业，还具有国家所有的特殊属性。如何运用法律手段妥善处理这个特殊属性，直接关系到国有企业能否按照企业规律经营发展。为了把国有企业从政府附属的生产单位逐步转变成为相对独立的市场主体，30年改革对国家与国有企业的关系不断进行调整，并依法加以确认和规范。《企业法》和《全民所有制工业企业转换经营机制条例》都用专门一章规定"企业和政府的关系"。在改革的第一个阶段，针对长期以来存在的"国有国营"、政企不分、以政代企的现象，《企业法》等法律法规依照所有权和经营权分离的原则，确立了国家与国有企业之间的委托经营关系。在改革的第二个阶段，适应建立社会主义市场经济体制的需要，《公司法》通过确立新的企业组织形式和企业法人财产权制度，不仅促进了国有企业公司化改造，使国家与国有企业之间由委托经营转变为出资关系，现代企业制度建设更加规范，而且，也促进了政企分开、政资分开以及所有权与经营权的分离，加快了政府职能转变。国有企业改革进展到这个阶段，国家与国有企业之间的关系调整逐步清晰、科学。在改革的第三个阶段，按照国家与国有企业之间通过

出资关系进行规范的要求，进一步明确了政府层面的国有资产出资人代表，建立了企业国有资产出资人制度，从而比较全面地勾画了国家与国有企业之间的完整关系，也强化了国有企业的市场主体地位和市场化运营的适应能力。《条例》对此予以了确认。

四、国有企业改革立法必须有利于增强国有经济活力、控制力、影响力

建设中国特色社会主义，必须毫不动摇地巩固和发展国有经济。我国《中华人民共和国宪法》第七条明确规定："国有经济，即社会主义全民所有制经济，是国民经济中的主导力量。国家保障国有经济的巩固和发展。"党的十五届四中全会也明确指出，"我们要增强国家的经济实力、国防实力和民族凝聚力，就必须不断促进国有经济的发展壮大。包括国有经济在内的公有制经济，是我国社会主义制度的经济基础，是国家引导、推动、调控经济和社会发展的基本力量，是实现广大人民群众根本利益和共同富裕的重要保证"。增强国有经济活力、控制力、影响力与鼓励、支持和引导非公有制经济发展不是对立的。在经济全球化的今天，只有使它们相辅相成、共同发展，才能加快提高整个国家应对全球化挑战的竞争实力。改革实践使我们逐步认识到，国有经济的主导作用既要通过国有独资企业来实现，更要大力发展股

份制，通过国有控股和参股企业来实现。《公司法》关于公司组织形式和行为的规定，为大力发展国有资本、集体资本和非公有资本等参股的混合所有制经济，实现投资主体多元化，使股份制成为公有制的主要实现形式提供了制度保障。以《公司法》为依据，国有资本通过股份制吸引和组织更多的社会资本，放大了国有资本的功能。《条例》明确规定，要"推进国有资产合理流动和优化配置，推动国有经济布局和结构的调整""保持和提高关系国民经济命脉和国家安全的领域国有经济的控制力和竞争力，提高国有经济的整体素质"。这些立法规定，对于国有经济在我国国民经济所有制结构调整和产业结构优化升级的过程中，不仅保持必要的数量，而且加快分布的优化和质的提高，从而不断增强活力、控制力、影响力等，发挥了十分重要的作用。

在法治轨道上推进新一轮国资国企改革*

党的十八届四中全会指出，实现立法和改革决策相衔接，做到重大改革于法有据、立法主动适应改革和经济社会发展需要。习近平总书记特别强调，四中全会与三中全会两个《决定》是贯彻落实十八大战略部署的姊妹篇，全面深化改革与全面推进依法治国，如车之两轮、鸟之双翼，必须协同推动、相互促进。我们要在法治轨道上推进新一轮国资国企改革，应该坚持以下几点：

一是要确保国资国企改革符合我国宪法和法律规定的基本原则。首先就是要遵循宪法规定的基本经济制度，坚持公有制主体地位，发挥国有经济的主导作用，巩固发展国有经济。其次要坚持《企业国有资产法》《企业国有资产监督管理暂行条例》确立的"政企分开、政资分开、所有权与经营权相分离"的国有资产管理体制框架，维护企业独立的市场主体地位。

二是要确保国资监管立法主动适应改革要求。改革就是变法，立法一定要适应改革要求。对于不符合改革方向、滞

---

* 此文节选自2015年国务院国资委机关讲座时的提纲。

后于改革进程的国资监管法规制度，应当及时修改或废止。比如，党的十六大确立新的国有资产管理体制后，我们立即组织起草了《企业国有资产监督管理暂行条例》（以下简称《条例》），将"三分开、三统一、三结合"等核心原则，转化为国资委、所出资企业、政府其他部门的权利义务规范。可以说，正是《条例》的及时出台，为国资国企改革发展各项工作，打下了牢靠的制度基础。

三是要通过制定、修改法律来完善改革措施。改革的政策措施必须转化为具体的行为规范，而转化的过程也是完善改革政策措施的过程。比如，发展混合所有制是当前国资国企改革的重点和难点之一。有人总结"混改"有"六怕"，即政府怕出乱子、政府有关部门怕丧失权力、国资监管机构怕资产流失、民营企业怕"狼入虎口"、国有企业领导怕失去地位、国企职工怕自身利益受损。我们体会，要有序推进发展混合所有制、保证国有制资产不流失，关键是建立健全相关制度以此实现：（1）明确改革方向和目标。发展混合所有制不是私有化，也不是所有国有企业都要"混改"，"混改"的目的是促进国有企业经营机制更加市场化，激发企业内在动力和活力，更好放大国有资本功能，推动国有企业和民营企业共同发展。（2）抓紧制定实施细则。既要关注保持国有控股的混合经济，也要关注国有参股的混合经济。（3）统一程序规范。在工作环节上进一步突出方案审批、资产评估、公开透明、资金入库。（4）完善相关配套措施。包括探索建立优先股和国家金股制度，制定员工持股具体办法，推进国有企业分离社会职能、减轻历史包袱等。

四是要及时实现改革成果的法治化、定型化。只有将改革成果固化在法律中，才能说完成了改革任务。比如，大多数中央企业都是先有子企业，后有母公司，主要业务和资产都沉淀在子企业，客观上要求出资人监管也要往下沉。为此，《企业国有资产法》第三十八条明确规定，"国有独资企业、国有独资公司、国有资本控股公司对其所出资企业的重大事项参照本章规定履行出资人职责"。这就确保了关系国有资产出资人权益的重大事项的国资监管要求在中央企业"一级对一级"往下贯彻落实。

五是要高度关注统筹国际国内两类规则。党的十八届三中全会提出，加快培育参与和引领国际经济合作竞争新优势，以开放促改革。党的十八届四中全会进一步强调，积极参与国际规则制定，推动依法处理涉外经济、社会事务，增强我国在国际法律事务中的话语权和影响力，运用法律手段维护我国主权、安全、发展利益。当前，继知识产权、人民币汇率之后，国有企业议题已经日益成为各种涉外经济谈判对话中的核心议题，这就要求我们必须统筹考虑和综合运用国际国内两类规则，以此妥善应对，争取良好的国际化经营环境。

国有企业改革立法要着力解决国家出资的
特殊属性问题*

从国有企业改革立法发展趋势看，《中华人民共和国企业国有资产法》（简称《企业国有资产法》）的制定，一方面要注意与《公司法》《物权法》相衔接，依法把握好国有资产的价值形态与实物形态在适用法律方面的不同要求，对国有企业内部的组织、行为和财产权等，包括企业再投资形成母子公司之间的出资关系问题，主要依据《公司法》《物权法》加以解决；另一方面要着力解决国有资产、国有企业、国有经济的特殊属性问题，重点是：（1）如何在国有企业集团公司一级与政府之间规范建立出资关系；（2）如何依法强化国有资产出资主体人格化并落实好相关责任。具体可以概括为以下三个层面的问题。

一、微观层面：国有资本的界定及法律调整问题

国有资本既包括国家直接出资即国家股（产权），也包括国有企业的再投资即国有法人股。其中，如前所述，国有法

---

* 此文节选自 2008 年 7 月 14 日《学习日报》第 8 版《国有企业改革立法启示与展望》，"俞波"是作者笔名。

人股的出资人问题已经通过《公司法》基本解决，还需要《企业国有资产法》等立法重点解决：一是国家股的出资人到位问题。如果出资关系中的上游国家股出资人不到位，就会造成国有产权主体不完全清晰，职责难以完全落实，最终影响到下游的国有法人股的监管以至整个国有资产的经营管理。二是对国家股履行出资人职责问题。严格意义上说，由于目前国家直接出资企业许多是按照《企业法》注册登记的国有独资企业，国资委作为出资人履行相关职责的企业体制基础尚不完全具备。为此，中央企业正在积极开展董事会试点，通过试点加快国有企业公司制股份制改革，建立规范的法人治理结构。当前，要特别注意处理好国资委与董事会的关系，通过制度设计，实现国有资产出资人代表由企业外部到企业内部的层层到位，从而有效解决企业"内部人控制"问题。同时，对实现产权多元化的公司，国资委能不能直接持股、如何委派股东代表出席股东会等，也需要通过立法作出规定。三是对国有法人股加强监管问题。从现实看，目前绝大部分企业国有资产已通过国家出资企业再投资和股份制改革、中外合资、民营合资等形式，下沉演变成为国有法人股；国有企业尤其是中央企业的优质资产，主要集中在二级以下的企业；企业改制、与关联方交易、产权转让、利润分配等容易引起国有资产流失的情况，也主要发生在子企业。因此，从国有资产特殊属性出发，《企业国有资产法》的适用范围，不能完全限定在国家出资企业即国家股一个层面上，有关国有资产基础管理和重大事项管理的原则和规范，应当适用于国有法人股。

应当注意在立法中区分不同性质的监管，不能把政府行政部门负责的市场监管与国资委负责的国有资产监管混为一谈。前者属于公共管理职能，是公权性质；后者是基于财产所有权产生的，应该先适用私权规范，不能因为企业资产的国有属性就将其监管视为公权，否则也不符合《物权法》对各种所有制财产实行平等保护的原则。

二、中观层面：企业国有资产出资人制度问题

现阶段国有资产管理体制和制度完善的任务依然艰巨。为此，特别需要通过《企业国有资产法》等重点立法，为健全完善企业国有资产出资人制度提供法律保障。一是依法促进国有资产管理体制的完善。坚持国资委作为国务院直属特设机构的出资人定位，进一步明确其在国有资产管理体制中的主体地位。对《条例》中经实践检验成熟的规定及时通过法律加以巩固和规范，继续推进国有资产监管工作由部门多头管理逐步转向由特设机构专门负责，推进国有资产出资人职责由多部门分散行使逐步转向由特设机构统一行使，加快完善出资人职责。二是依法处理好国资委、政府其他部门和企业三者关系。坚持履行出资人职责的机构不行使社会公共

管理职能、履行社会公共管理职能的部门不行使国有资产出资人职责的原则，逐步剥离国资委承担的部分社会公共管理职能和过渡性职能，使国资委专司企业国有资产出资人职责和监管职责，不干预企业生产经营权；同时加快转变政府职能，政府的宏观调控部门、行业管理部门不行使企业国有资产出资人职责，不干预企业具体生产经营活动。

三、宏观层面：国有经济的功能定位问题

从现实国情看，巩固和发展国有经济，不仅是坚持和完善社会主义基本经济制度的前提，而且也是全面建成小康社会和促进社会和谐、建设创新型国家、应对日益激烈的国际竞争形势、提高国家综合竞争力的迫切需要。目前，我国不少支柱产业发展趋势需要高度关注。如航空设备、精密仪器、医疗设备、工程机械等具有战略意义的关键产业领域，主要设备与技术大多依赖进口。这些现象提出的一个重大立法问题，就是在进一步扩大开放的同时，应当尽快把党和国家有关发挥国有经济主导作用、增强国有经济活力控制力影响力的方针政策，通过法律形式加以确认、巩固和规范，作为国家意志长期加以贯彻。要根据《中华人民共和国宪法》原则规定，通过《企业国有资产法》等有关立法进一步确认和巩固国有经济在我国国民经济中的重要地位，包括国有经济在我国产业发展、经济安全、公共服务、宏观调控等方面

的主要功能。要依法规范推进国有企业改革和国有经济布局结构调整，明确国有经济的发展方向和规模比重，做到进而有为，退而有序；国有经济的比重可以有升有降，布局结构可以有进有退，但国有企业必须不断提高活力与效率，国有资产必须实现保值增值，国有经济对关系国家安全和国民经济命脉的重要行业和关键领域必须保持控制力和影响力。要依法促进具有较强国际竞争力的大企业大集团的形成，努力增强我国综合竞争实力。要通过法律制度安排，坚持"两个毫不动摇"，实现国有经济发展与非公经济发展的有机统一，使各种所有制经济在市场竞争中发挥各自优势，相互促进，共同发展。

国有资本运营篇

一　公司定位与运营模式创新

　　总结过往实践，我们主要以基金财务性投资形式，重点支持中央企业改革发展，包括培育孵化新兴产业。运营公司相对于产业集团和投资公司而言，在投资方向、行业和领域等方面更为灵活、更少限制，更有利于在相关领域进行优化布局。这应该是国有资本运营公司在服务国家战略、培育战略性新兴产业、发展国有经济新动能以及支持中央企业补短板等方面的应有之义，需要在未来发展中深入探索。

牢牢坚守国有资本运营公司的使命定位 *

　　党的十八届三中全会明确提出改革国有资本授权经营体制，改组、组建国有资本投资公司和运营公司。这是国有企业改革中的新生事物，没有成熟模式可以套用，也没有现成的经验可以借鉴。因此，要搞好试点，就必须在实践探索中闯出一条符合我们实际、具有运营公司特点的路子。近日，国务院印发关于推进国有资本投资、运营公司改革试点的实施意见，进一步明确了两类公司改革试点的总体要求、功能定位、授权机制和运营模式等。从中共中央、国务院关于深化国有企业改革、开展两类公司试点的顶层设计精神来看，两类公司在功能定位上与实业产业集团明显不同。即使是运营公司与投资公司之间，也是既有区别，又有联系。比如，投资公司具有鲜明的产业发展使命，对核心业务以战略性投资为主；而运营公司资本运作属性较强，不直接从事具体生产经营活动，不追求对实体企业的控制，往往以财务性投资为主。

　　总结试点实践，我们主要以基金财务性投资形式，重点

---

　　* 此文节选自 2018 年 7 月公司年中工作会时的讲话。

支持中央企业改革发展，包括培育孵化新兴产业。但在一些中央企业实力较弱或者尚未进入的前瞻性、战略性新兴产业领域，也在探索通过基金进行投资并购，努力培育相关领域新的增长点。运营公司相对于产业集团和投资公司而言，在投资方向、行业和领域等方面更为灵活、更少限制，更有利于在相关领域进行优化布局。这应该是国有资本运营公司在服务国家战略、培育战略性新兴产业、发展国有经济新动能以及支持中央企业补短板等方面的应有之义，需要在未来发展中深入探索。

为更好更快地推进公司发展，应该清晰科学地描绘运营公司未来发展愿景和目标。按照党的十九大关于推动国有资本做强做优做大和培育具有全球竞争力的世界一流企业的重大部署，我们未来的发展目标是，努力将国新公司打造成为具有全球竞争力的"一流的综合性国有资本运营公司"。近期来看，2020 年是公司成立 10 周年，也是国有企业改革重要领域和关键环节要取得决定性成果的一年，要努力成为"在国内具有重要影响力和较强竞争力的一流的综合性国有资本运营公司"。

为实现上述目标，必须牢牢坚守国有资本运营公司使命定位，更好聚焦服务国家战略，更好聚焦优化国有资本布局结构，更好聚焦支持中央企业改革发展，切实发挥国有资本市场化运作的专业平台作用。

——要在加快培育战略性新兴产业上有更大作为。发挥运营公司独特优势，在有关前瞻性、战略性新兴产业重点领域和其他重要行业领域，通过基金投资为打造国有经济新动能作出应有的贡献。要配合中央企业进行产业培育，积极支持有关中央企业科技创新、产业升级和补短板。

——要在推动中央企业深化重点领域改革上有更大作为。积极参与中央企业首次公开募股（IPO）、股权多元化改革、混合所有制改革、专业化重组整合、改革脱困等，在推动中央企业重要领域改革落地中，发挥运营公司的关键支点的撬动作用。

——要在促进中央企业加快提质增效上有更大作为。面向中央企业更好提供高质量、差异化、定制化的金融服务，规范产融结合，坚持以融促产，突出价值创造，更加有效地支持中央企业增强资本流动性和提升资金周转率；充分发挥运营公司作为市场化债转股实施机构的作用，更好支持中央企业降杠杆、减负债。

——要在实现存量国有资本进退留转上有更大作为。加快探索形成更趋成熟的市场化专业化股权运营管理模式，稳妥高效开展划入股份运营，推动国有资本"三集中"，大力提高国有资本配置和运营效率，实现国有资本合理流动保值增值。

——要在支持中央企业加快"走出去"上有更大作为。

更好地发挥境外投资平台的作用，聚焦服务中央企业境外资源开发、高端制造业并购、国际产能合作和市场开拓等，大力推动中央企业境外投资优质项目落地，有效服务"一带一路"建设，有力支持中央企业"走出去"。

改革是持续激发公司活力的关键一招，创新是保持公司健康发展的不竭动力。我们一定要不断深化市场化改革，进一步加大创新力度，加快提升公司核心竞争力。

一要善于捕捉市场需求。要践行新发展理念，始终坚持以市场为导向，紧紧围绕服务国家战略，培育发展战略性新兴产业，紧紧围绕中央企业深化供给侧结构性改革、落实"三去一降一补"任务，不断增强市场敏锐度，不断提高专业能力，不断创新推广"适销对路"的产品和服务，不断形成运营公司的差异化竞争优势，从综合性国有资本运营公司的角度优化对中央企业改革发展的"供给"服务。

二要善于组合好中央企业的资源。运营公司与其他中央企业有着广阔的互补协同合作空间。要继续加大与中央企业的全方位深层次合作，发挥市场化专业化平台作用，更加有效地组合好、利用好中央企业各类资源，依托中央企业、服务中央企业，在实现互利多赢的基础上，共同推动国有资本做强做优做大，更好服务经济社会发展。

三要善于推进适应市场化需求的体制机制改革。改革只有进行时，没有完成时。要根据试点的新情况新要求，不断优化完善运营公司体制机制。重点推进列入"双百行动"的两家单位的综合性改革，尽快形成可操作的实施方案。重点推进公司人才发展的市场化机制改革，集聚更多适应试点需要的高端专业人才，激发企业活力、增强内生动力。重点推进运营公司管控模式优化，加强对所出资企业的监管，实现市场化运营和落实国资监管要求的有机结合，确保国有资本投资到哪里，国资监管就跟进到哪里，实现监管全覆盖，不留死角，切实维护国有资产安全，承担起国有资产保值增值责任。

四要善于在贯彻党中央、国务院重大部署，完成国务院国资委交办的重点任务中体现担当作为。自觉将经济责任与政治责任、社会责任统一起来，根据国家战略以及国资委的部署安排，按照市场化方式，积极参与中央企业 IPO、股权多元化改革、市场化债转股、压降"两金"等工作。继续深入做好专职外部董事的服务保障工作。在完成这些重大任务中，有效发挥运营公司的平台作用，体现责任担当，并实现自身的持续健康发展。

开展国有资本运营要把握六个方面的关系[*]

总结公司试点实践，深入开展国有资本运营，应当注意把握好以下六个方面的关系。

一是要准确把握运营公司定位和服务国家战略之间的关系。国有企业是中国特色社会主义的重要物质基础和政治基础，是我们党执政兴国的重要支柱和依靠力量。运营公司主要以提升国有资本运营效率、提高回报为目标，但作为承担"三大责任"的中央企业，在运营国有资本时不能简单追求绝对的资本回报，而要自觉服务服从国家战略和产业政策，注重发挥培育孵化功能。随着试点不断深入，我们越来越认识到，只有在贯彻国家战略大局中找准资本运营的结合点和着力点，才能正确把握运营公司的发展方向，更好体现试点价值和央企担当。为此，我们提出资本运营要守住轻资产运营模式、守住财务性投资为主、守住公司投资生态圈、守住产业链高端、守住关键核心技术"卡脖子"环节，以此把握投资方向和节奏。

二是要准确把握增强国有资本流动性与企业稳健经营之

---

[*] 此文节选自 2020 年 12 月国有资本运营高峰论坛上的主旨演讲。

间的关系。运营公司承担着以市场化方式促进国有资本合理流动、优化布局、调整结构的重要使命，要求增强国有资本的流动性。在试点过程中，无论是开展基金投资还是直接投资，我们都强调要谨守财务性持股为主的原则，从而有利于资本高效流动循环。对于并购类或大股比投资的战略性项目，坚持审慎涉足，坚决防止"越投越重"。同时，在资产结构上，注意持有适当比例的符合企业战略定位、可交易、可变现的流动和上市资产，根据实际情况积极谋划、适度投资了若干处于成熟产业、拥有"护城河"的"压舱石"项目，以此增加稳定的现金收益来源，保障企业稳健经营。

三是要准确把握提高国有资本回报与服务国资央企之间的关系。提高资本回报、实现保值增值，是开展国有资本运营的基本要求，也是深化改革试点的重点任务。市场在要素配置中起决定性作用，体现在国有资本运营中，就是要有合理的回报。由于运营公司财务性持股为主的特点，在投资项目选择上更多地需要与其他市场主体特别是兄弟央企开展合作，通过国有资本的纽带，形成做强做优做大国有资本和国有企业的合力。因此，运营公司要在保持合理回报的前提下，通过自身专业化的资本运营，积极助力中央企业提升整体资本运营能力水平，从而更好落实国家战略，促进国有资本布局优化、结构调整。

四是要准确把握推进市场化改革与落实国资监管要求之

间的关系。运营公司是市场化运作的企业主体，所从事的运营业务包括股权运作、基金投资、培育孵化、价值管理等，与传统的产业集团明显不同。如何在落实好国资监管各项要求的前提下，积极推动市场化改革，是运营公司改革试点需要着力探索的一项重要任务。在推进试点中，公司坚持将完善市场化机制与落实国资监管要求有机结合。针对现阶段投资驱动属性较强的特点，始终强调投资项目评判必须把好"三关"，即产业技术关、财务风险关和战略方向关，注重追求投资的综合价值。在基金投资板块，创新实施股权、跟投、超额收益递延、退出收益、运营"五个捆绑"，较好实现风险共担、利益共享。在创新体制机制方面，以强化人才作用专业驱动、建设高效灵活组织体系、完善"强激励硬约束"机制为重点，探索推进市场化改革和落实国资监管要求的有机结合。

五是要准确把握国有资本运营业务探索创新与加强风险防范之间的关系。国有资本运营业务涉及的领域宽、类型多，在鼓励业务创新、市场开拓的同时，必须注重强化监督和防控风险同步推进，将风险防控要求融入试点核心业务。在试点过程中，公司将 2018 年、2019 年分别确定为"风险防控年"和"风控深化年"，先后深入开展"全面风险排查""十严查"和"风控深化行动"，有效化解了一批潜在风险隐患。我们在全系统反复强调，要做好顶层设计，善用哲学思维，当市场开拓与风险防范发生冲突且不可调和时，必须毫不犹豫地把风险防范摆在首位，坚决守住不发生颠覆性重大风险的底线。

六是要准确把握加强党的建设与国有资本运营之间的关系。只有将强"根"铸"魂"贯穿运营公司改革试点始终，探索建立符合运营公司特点的党建工作新模式，不断提升基层党组织的组织力和政治功能，才能为企业可持续健康发展提供坚强的政治保证和组织保证。随着运营公司财务性投资形成的混合所有制企业逐渐增多，如何开展混合所有制企业党建工作是一个重大课题。公司专门制定了基金管理人党建工作指引，在基金管理人党组织中设立"党建指导员""党建联络员"，同时结合基金投资行业特点、持股比例和实际影响力，把好投资决策阶段"政治关"，努力在投后管理阶段推动参股混合所有制企业加强党建。

积极探索运营公司轻资产运营模式*

为了更好坚守国有资本运营公司的功能定位，在总结试点实践的基础上，未来我们将以"资本＋人才＋技术"轻资产运营作为公司发展的模式选择。探索轻资产运营模式，是落实运营公司财务性持股的必然要求，有利于增强国有资本的流动性和保值增值，也符合目前公司队伍知识结构和产业背景人才不足的实际情况。

坚持轻资产运营模式，近期来看，要探索"四个平衡"。

一是资本流动性和控制杠杆率之间的平衡。实现资本高效流动循环，既是运营公司的功能定位要求，也是自身健康发展需要。在当前推动国企去杠杆的背景下，重视平衡好资本流动性和控制杠杆率的关系，对于走好轻资产之路尤为重要。目前公司负债率不高，要特别注意防止加杠杆的冲动，更好把握公司投资的行业领域、标的资产构成以及项目投资比重等，在保障试点业务开展、合理控制杠杆率的前提下，重点投向符合"轻资产"特点的高新技术产业和新经济领域，审慎进入"重资产"特征较明显的行业，防止

---

* 此文节选自2019年1月公司全年工作会和7月年中工作会上的讲话。

"越投越重"。

二是投资回报和新兴产业培育之间的平衡。投资要讲回报，这是公司业务开展必须遵循的基本市场法则。但站在更高角度来认识企业投资回报的内涵，必须平衡好企业追求的投资回报和运营公司承担的培育孵化功能之间的关系。要紧紧围绕服务国家战略，按照市场化原则，在轻资产运营模式下保持资本的流动性，有意识地将投资向战略性新兴产业领域倾斜。对于一些产业高端、市场规模不大的项目，要瞄准关键核心技术"卡脖子"环节，加大投资力度，努力提升投资的战略价值，从服务国家战略的更高层面体现运营公司的投资回报。

三是管理软实力和人才队伍之间的平衡。轻资产运营模式成功与否，很大程度取决于我们的管理软实力。公司的核心要素"资本"、价值体现"技术"，能不能附着于"人才"这个第一资源上，关键看管理软实力。因此，要在打造一支既"为我所用"，又"为我所有"的公司人才队伍上下更大功夫。要坚持完善市场化体制，摸索形成一套体现运营公司特色、更加成熟配套的激励约束机制，不断提升公司品牌声誉，从而通过增强软实力，更好吸引市场稀缺的行业领军人物和高端人才向公司集聚，为搞好资本运营夯实人才基础。

四是企业规模与管理体系之间的平衡。轻资产运营模式要求在企业规模扩大的同时，要相应加快健全公司管理体系，大力提升管控能力，坚决防止因规模过快扩张"引爆"企业内部管理的潜在风险。国内外这方面的典型案例比比皆是。我们要针对企业规模快速扩张的实际，一方面继续把控好投资节奏，另一方面加快落实"强总部"战略要求，着力提升公司管控能力和运营效率。

按照"资本＋人才＋技术"轻资产运营模式设想，今后我们在资本布局上，要更加关注资产的"轻"与"重"。在合理控制杠杆率的前提下，更好把握公司投资的行业领域、标的资产构成以及项目投资比重等。牢牢把握以财务性投资为主，在战略性项目投资上量力而行，以保持公司良好的资本流动性。

在人才作用上，要更加关注员工队伍的"内"与"外"。公司拥有一批较高素质的投资人才，但产业人才、金融人才相对比较缺乏。随着公司所投项目增加，人才短板日显突出。所以应该树立"大人才"观，善于用"外脑"，重视推动运营公司与投资对象、合作对象之间各个层面的智力共享，着力实现扬长避短、优势互补。从一定意义上讲，投资也是在投"人"，特别是企业创始人团队是否具有企业家精神，是否具备卓越的战略能力、专业能力、管理能力和经营能力等，这在很大程度上影响到投资的成败。要在投前尽调、投资决策和投后管理中，始终高度关注标的企业的创始人团队和核心骨干员工情况。

在技术投资上，要更加关注综合价值的"高"与"低"。技术是轻资产运营模式的价值体现。我们要在项目投资上练就一双"慧眼"，在投资中多维度评判项目价值。要把好产业技术关，重点关注投资项目是否处于战略性新兴产业，是否处于产业链价值链高端，是否处于关键核心技术"卡脖子"环节；要把好财务、风险关，重点评估项目财务回报水平和风险承受能力；要把好战略方向关，重点评估是否符合国家战略方向，是否契合公司投资生态圈。要更加主动地从以上三个层面选准投好具有高技术价值的优质项目，注重项目评估"三关"的匹配，匹配度越高则综合价值越高，以此不断提升公司投资的整体质量。

强化轻资产运营模式的"三轮驱动"[*]

为深入推进国有资本运营公司试点，我们要保持战略定力，进一步推动轻资产运营模式落实落地，着力强化"资本、人才、技术"三轮驱动。

突出资本运作的市场驱动。资本是市场经济不可或缺的核心要素，要把握市场在要素配置中起决定性作用的体制环境，更加自觉地遵循市场规律，既要坚持服务央企为本位，又要符合轻资产运营模式的属性要求，保持良好的资本流动性。无论是公司基金投资还是直接投资，都要谨守财务性持股为主，通过投前严把项目评估"三关"、提高投资质量，投后赋能管理、防范运营风险，退出提前谋划、确保收益兑现，形成资本高效流动循环。要确保战略性项目"少而精"，严格把控、审慎涉足，坚决防止"越投越重"。要适度投资若干"压舱石"项目，把握深化国企改革的契机，通过参与有关央企改革重组整合，夯实一定比例的底层基石资产，增加稳定的现金流收益来源。要针对有关央企集团层面股权投资规模较大、流动性较弱的实际情况，积极

---

* 此文节选自 2020 年 7 月公司年中工作会上的讲话。

探索有效的资金成本覆盖机制，同时协同开发其子企业优质项目，通过互利互补、上下匹配，既有效落实运营试点使命任务，又确保公司流动性整体可控。

突出人才作用的专业驱动。人才是轻资产运营模式的第一资源，公司品牌的专业形象也主要附着于专业人才队伍上。试点以来，公司通过广泛延揽和大力培养，在投资类人才储备上形成了一定规模，但试点急需的产业、管理、金融人才依然短缺；目前大多数投资人才具备一定的投资机会发现能力，但相较于国际一流机构在主动发现价值、创造投资机会上还有明显差距。要立足于打造专业队伍，在继续培养公司投资人才的同时，注重延揽一批懂产业、通金融、善管理的领军人才和行业精英，尽快补齐资本运营的人才短板。要围绕提升人才专业能力，重视"走出去"学习取经，加强内部培训交流、智力分享，健全专业序列。要突出崇尚专业的导向，积极鼓励运营业务板块之间、公司总部与业务板块之间、公司各只基金之间加强学习交流，大力提倡坚持各自独立判断、敢于发表专业意见，进一步强化岗位专业责任，调整优化相关机制流程，更好发挥专业人才在科学决策中的智力优势。要树立鲜明的用人导向，持续深化市场化选人用人机制改革，完善落实"强激励、硬约束""能者上、优者奖、庸者下、劣者汰"的制度安排，让敢讲真讲、唯实求真的人有舞台，让"看领导眼色行事"、曲意逢迎的人没位置，在公司内部促进形成更加浓厚的专业至上文化氛围。

突出技术投资的价值驱动。轻资产运营的价值贡献和品牌效应，很大程度体现在公司以新技术为代表的价值投资和金融服务上。试点以来，我们聚焦战略性新兴产业和"卡脖子"环节广泛布局，投资了一批具有较高科技含量和发展潜力的优质项目，目前公司"创新投资"的市场影响力和带动力正在形成。要继续在技术投资的价值追求上塑造运营公司的"大格局"，公司投资不仅要追求利润最大化，更要追求战略价值最大化。要从试点央企特殊使命高度，更加准确地把握公司投资财务价值和战略价值的关系，进一步强调服务国家战略，通过市场化、专业化运作，将更多资本投向国家鼓励发展的前瞻性战略性新兴产业。对于一些市场规模不大、盈利空间有限，但涉及"卡脖子"环节和重要行业、产业链"堵点""难点"的项目，要有意识地加大投资培育力度。要发挥运营公司的资本纽带和资源链接作用，推动投资生态圈企业间产业资源整合、互补协同创新，助力打通产业链，助力延伸价值链，助力提升产业链现代化水平，以"价值央企"的"技术"担当，更好发挥国有资本运营的战略作用。

运营公司取得的成绩和启示[*]

回顾公司进入新时代的十年发展历程，可以说前三年仍然在摸索起步，后七年通过开展国有资本运营公司试点，公司面貌发生了根本性变化。经过这七年，我们不仅从小到大、由弱趋强，而且更难能可贵的，是终于找到了在市场上的业务坐标，探索明确了在央企队伍中的角色定位。

——公司规模效益实现跨越式增长。从试点初期的 1389 亿元资产、43.8 亿元净利润起步，一年上一个台阶，跑出了令人瞩目的加速度。截至 2022 年底，公司资产总额、净资产较试点之初分别增长 5.3 倍、2 倍；利润总额、净利润、归母净利润分别增长 5 倍、4.5 倍、30.9 倍，复合增长率分别达到 29%、27.5%、64%。特别是近五年来，我们快速突破了资产 5000 亿元、8000 亿元的量级，连续跨越了净利润 100 亿元、200 亿元的标志性关口，在中央和地方国有资本运营公司组建发展中持续领跑。自 2019 年公司首次获得年度经营业绩考核 A 级以来，连续四年保持 A 级，并获得 2019～2021 年任期考核 A 级。这是公司实现可喜跨越的权

---

[*] 此文节选自 2023 年 1 月、2020 年 1 月公司全年工作会上的讲话。

威见证。

——公司业务模式布局有效重塑。从试点开始国有资本运营模式面临着无先例可循的挑战。在及时总结试点前两年探索基础上，自 2018 年来，我们深刻认识"实现国有资本合理流动和保值增值"的基本功能，科学把握以财务性持股为主，创新提出并确立了"资本＋人才＋技术"轻资产运营模式。公司 2018 年构建了基金投资、金融服务、资产管理、境外投资四个业务板块，2019 年启动了股权运作板块，明确了"5＋1"业务格局；2021 年，调整设立了直接投资板块，2022 年下半年又实现了证券板块、咨询板块的突破。公司业务布局一年一个脚印，逐步打造了一个功能较为齐备的国有资本市场化运作平台。目前，五个主要业务板块资产占比超过 75%、净利润占比达到 90% 以上，改变了公司前几年境外投资"一家独大"的业务布局。公司新的业务布局持续扩大了现金收益来源，有效提升了参股收益质量，使两者在总收益中占比超过 80%，整体收益结构日趋均衡合理、可持续。

——公司特殊功能使命多层次彰显。在深入分析总结试点初期运营领域和特定项目实施情况后，我们明确提出运营公司要"以国家战略为导向、以服务央企为本位"，进一步校准了发展方向。目前，无论是基金运作、金融服务，还是一、二级市场国有资本的转换流转；无论是央企战略性重组、专业化整合，还是加快打造现代产业链链长、原创技术策源地；无论是推进国资国企重大改革专项任务，还是及时防范化解重大风险隐患，都可以看到公司主动担当作为的身影，国有资本运营特殊功能作用越来越不可或缺。

——公司综合运营能力全方位增强。试点以来，不断坚持市场化改革方向，正确把握市场化的完整含义，自觉将党的领导、国资监管要求和市场化机制相结合，健全完善全系统党组织体系，切实加强党的全面领导，党建引领作用充分显现。公司深入推进"强总部、实板块"，健全"事业部＋板块公司"扁平化组织架构，动态调整差异化授权体系，强力推进基金投资前中后台一体化改革，初步构建了适应国有资本运营特点的治理体系。七年来累计吸引2000余名优秀骨干人才加入公司舞台，汇聚打造了一支国有资本运营专业队伍，培育形成了"国之脉、传承责任之脉，新致远、坚持创新发展"的共同价值追求。我们在全系统探索实施薪酬递延、上市公司股权激励等中长期激励举措，牢固树立"向市场要答案、以业绩论英雄"的鲜明导向，全员劳动生产率在中央企业中保持领先。2018年以来，公司先后开展"全面风险排查年""风控深化年""合规管理强化年"专项行动，推进总法律顾问、首席风险官、首席合规官制度建设，开展财务负责人委派试点，实现公司内部巡视、审计全覆盖，牢牢守住了不发生重大风险的底线。

　　七年试点，硕果累累。一个新型的具有中国特色国有企业现代公司治理理念、拥有专业化运作团队和较强市场化竞争优势的国有资本运营公司雏形初具，走上前台。总结七年试点，我们深刻体会到，中央关于组建国有资本运营公司的重大决策是非常英明正确的。要把党中央、国务院的重大决策贯彻落实好，必须适应新时代召唤，勇立潮头、不懈开拓、积极进取。试点以来，我们始终遵循国家战略导向，心怀"国之大者"，紧紧围绕创新驱动发展、供给侧结构性改革、"一带一路"建设、碳达峰碳中和等国家战略部署，顺应我国资本市场改革趋势，不断探索推进国有资本运营业务，加快拓展运营空间。我们注重坚守运营公司定位，将开展国有资本运营作为主责主业，牢记组建初衷和改革使命，紧紧聚焦进入实体产业的国有资本，围绕央企改革、创新、发展谋划运营布局，丰富运营手段，坚决防止四面出击，摒弃"哪里挣钱就往哪里投"的惯性思维，不断厚植运营基础，在服务央企改革发展大局中塑造了运营事业的宽广格局。我们时刻把握企业发展规律，立足商业一类国有企业属性，注重在国有资本运营中发挥市场作用、遵循价值规律，坚持在各项运营业务中算清账、算好账、算大账，保证运营质量，实现了运营能力从学习到引领的关键性突破，业务发展从量变到质变的超常规提升。

　　试点成绩的取得来之不易，是我们在以习近平同志为核心的党中央坚强领导下，贯彻落实党中央、国务院重大决策部署，自觉践行新发展理念的结果，离不开国务院国资委的直接领导和有关部门的大力支持，离不开公司广大干部员工的探索创新、奋力拼搏和无私奉献。总结七年试点，我们要铭记以下重要启示。一是必须始终牢记为人民运营好国有资本这一根本立场，牢固树立家国情怀，把运营好人民的共同财富和实现企业自身发展有机结合，在成就"大我"中发展"小我"，切实维护好国有资产安全，义不容辞地当好"红色管家"。二是必须始终牢记围绕国家战略运营好国有资本这一神圣使命，自觉在国家战略之下谋划企业发展，找准资本运营的结合点和着力点，充分体现试点价值和央企担当。三是必须始终牢记围绕形成管资本为主的新体制运营好国有资本这一改革责任，大胆探索创新资本运营的体制、机制和制度，保持运营公司试点与国资监管职能转变在市场经济条件下相互衔接、同频共振，更好发挥示范、突破和带动作用。四是必须始终牢记以服务央企改革发展为重点运营好国有资本这一基本定位，坚持依靠中央企业、服务中央企业，在协同合作、共赢发展中做强做优做大。五是必须始终牢记加强党的领导运营好国有资本这一政治方向，坚持管资本就要管党建，做到"国有资本流动到哪里，党的建设就跟进到哪里、党组织的作用就发挥到哪里"，确保试点运营的正确方向。

二 运营战略的明晰

在全面风险排查过程中，公司逐步把明确运营公司战略放在突出重要位置，通过反复学习领会习近平总书记关于改组组建两类公司的重要指示精神以及中央有关政策文件要求，在梳理总结试点初期实践基础上，从提升国有资本流动性的原点出发，重新校正了公司的发展战略。在功能定位上，明确了以提高资本运营效率和回报为目标，以财务性持股为主开展资本运作，在加快资本流动中助力国有资本布局结构优化；在发展模式上，研究提出公司要采取"资本＋人才＋技术"轻资产运营模式，明确资本是核心要素，人才是第一资源，技术是价值体现；在运营策略上，更加自觉在党和国家战略大局中找准结合点和着力点，以服务央企为本位，主动从其他央企的业务空白中寻找切入点，在央企合作中做到"站好位、错好位、补好位"，强调不能仅仅盯着财务回报，要在落实国家战略上发挥应有作用。

实现高质量发展必须将做强做优做大统一起来[*]

当前，从资产规模来看，公司在中央企业里面已经不算小，下一步要在做强和做优上多下功夫，更加重视提升自身运行质量和持续发展能力，努力实现增长更稳、质量更佳、实力更强。

要多措并举提高资产质量和效益。截至目前，公司实现归母净利润、净资产收益率还处于较低水平；分析公司资产分布利润贡献情况，各板块参差不齐，还很不平衡。未来几年，我们要突出优化内部资源配置，强化资产经营功能，抓紧完善公司考核指标体系，推动各级企业切实提高资本回报水平和归属母公司利润，实现资源配置与资本回报、与绩效考评有效挂钩，大力提高公司资产质量和效益。

要稳健经营提高发展质量。试点以来，公司规模逐步扩大。从现在开始，要采取更加稳健审慎的策略，合理把握投资节奏，下大力气夯实投资质量和发展基础。要高度重视基金"募投管退"全流程各环节的有效管控，注意纠正"重投、轻管、不言退"的倾向，妥善做好有关战术性

---

* 此文节选自 2018 年 7 月参加公司年中工作会时的讲话。

财务投资项目的退出安排，实现资本的高效流动和良性循环。在基金投资过程中，切实做到"四不投"，即"看不懂的不投、管不住的不投、够不着的不投、吃不下的不投"。要高度重视做好投资子基金、投资民营企业等方面的风险防控，坚决退出基金过桥等高风险业务。要高度重视公司各只基金项目竞争协调，今后凡是公司多只基金介入同一个项目的，要通过制度指引确定一只牵头基金，坚决避免一拥而上，严禁内部无序竞争。要高度重视金融服务板块的资产规模、结构和风险防范，进一步算好"经济账"，切实提高服务中央企业改革发展的质量和效果，同时确保自身的持续健康发展。要高度重视公司旗下上市公司规范运作，强化市值管理，增加股东回报，同时规范审慎开展划入股份运作，不碰红线、不踩底线，努力在维护证券市场健康稳定发展方面作出表率。

要集中资源力争实现关键突破。习近平总书记指出，"要优先培育和大力发展一批战略性新兴产业集群，推进互联网、大数据、人工智能同实体经济深度融合"。① 我们要根据上述重要精神，紧紧围绕服务国家战略，紧盯相关产业的短板和"卡脖子"环节，努力发挥培育壮大战略性新兴产业的"助推器""加速器"作用，积极稳妥开展投资布局。要

---

① 资料来源于 2018 年 5 月 28 日习近平总书记在中国科学院第十九次院士大会、中国工程院第十四次院士大会上的讲话。

在投资项目把握上下更大功夫，区分基金财务性投资和战略性投资的关系，以财务性投资为基础着力支持中央企业科技创新、产业升级和补短板，同时在相关产业领域积极寻找战略性投资新的突破点。要在做好基金投资的战略性项目投后协同管理上下更大功夫，充分利用中央企业的资源优势，推动有关战略性项目进一步拓展市场空间、增强市场竞争力，同时为公司未来发展创造更大空间。要在聚焦战略、集中资源上下更大功夫，公司各业务板块和所出资企业都要明确阶段性目标，厘清工作重点和时间进度，力争在重点领域和关键环节取得突破。

坚持"五个守住"，实现稳健运营[*]

按照"稳"字当头，稳中求进、稳中提质要求，要坚持有所为、有所不为，确保公司资源配置到符合发展战略、优质高效的业务领域上去。

下一步要优化公司资源配置，做到"五个守住"，即守住轻资产运营模式，不一味追求资产规模，不片面被短期财务回报所诱惑；守住财务性投资为主，主要通过财务性投资，参与产业龙头企业牵头项目或创新项目合作，在公司资源、人才、产业协同能力匹配的前提下，量力而行，审慎把握战略项目投资；守住公司投资生态圈，紧紧围绕科技创新、国企改革和"走出去"等三个重点方向选优选准投资项目，避免四面出击；守住产业链高端，瞄准行业龙头、高成长性企业、高端产业和产业链价值链高端等进行投资布局，不盲目为提高回报向产业链中端、低端延伸；守住关键核心技术"卡脖子"环节进行投资布局，力争在中央企业发展前瞻性战略性新技术产业上"补短板"。

---

[*] 此文节选自 2019 年 1 月公司全年工作会上的讲话。

着力培育差异化竞争优势*

差异化竞争优势是成功企业的"护城河"，是企业通过打造区别甚至领先于竞争对手的核心竞争能力，赢得市场竞争主动和先机的存亡之道。凡是在市场竞争中脱颖而出的企业，都有各自独特的竞争优势，有的坐拥优势资源、有的形成"技术壁垒"、有的具有强大品牌等。我们作为一家国有资本运营公司，既不是纯粹的投资机构，也不是典型的金融机构，更不是产业集团。

目前，公司支撑试点运营的五个业务板块逐步形成，"一流的综合性国有资本运营公司"目标和"资本＋人才＋技术"轻资产运营模式明确提出，公司发展路径和方向逐步清晰。公司要持续加快发展壮大自己，必须从试点的初心使命、自身资源禀赋和业务特点出发，重视培育差异化竞争优势。

据不完全统计，31 个省、自治区、直辖市完成改组组建和正在组建的两类公司超过 120 家，各地支持两类公司迅速做大的力度都比较大。随着试点"赛道"上实力强劲的"赛手"越来越多，运营公司之间既有协同合作，也存在比

---

* 此文节选自 2019 年 7 月公司年中工作会上的讲话。

较和竞争。虽然公司运营试点先行一步，但如果不持续发力前行，巩固扩大先行优势，就很可能会被"弯道超车"。目前绝大多数两类公司都将股权投资基金作为重要运营手段，众多实力雄厚的企业集团正在向该领域集聚资源。其中战略性新兴产业作为经济体系中最具活力和增长潜力的部分，许多基金和投资机构将其作为"兵家必争之地"。2019 年上半年，一些银行凭借雄厚的资金和客户优势，也明显加大了向保理、租赁等领域的渗透力度；有的产业集团依托内部市场资源，积极布局此类业务，已经对公司有关金融服务业务开展和盈利增长形成了冲击。

面对异常激烈的市场竞争和更多的不确定性，必须抓紧培育公司核心业务领域的差异化竞争优势。公司上下都必须认识到，作为运营公司改革试点的"排头兵"，我们目前已经进入了一个滚石上山、爬坡过坎的攻坚阶段，越进越难、越进越险而又不进则退、非进不可。而聚焦培育差异化竞争优势，是努力走出一条具有自身特色高质量试点之路的战略举措。

培育差异化竞争优势，既要把握外部形势，也要把握自身竞争优势，用好用足有利因素和条件。应该看到，我国经济发展面临的"三大变革"，① 为公司培育差异化竞争优势既

---

① 2018 年国务院政府工作报告提出，推动经济发展质量变革、效率变革、动力变革。

提供了机遇、又创造了空间。从质量变革看，中央企业推进供给侧结构性改革、专业化重组整合、股权多元化改革等举措密集落地，为金融服务、资产管理、股权运作带来了大量的潜在客户和市场需求；从效率变革看，全球新一轮科技革命和产业变革同我国经济结构优化升级交汇融合，市场在资源配置中的决定性作用显著增强，为国有资本合理流动、优化配置提供了更为广阔的领域；从动力变革看，我国创新驱动发展战略不断纵深推进，战略性新兴产业和高技术产业保持快速增长，科技创新投资正迎来重要的发展窗口期。

在这个大背景下，我们通过近几年的运营试点，对如何打造"一流的综合性国有资本运营公司"也有了更深的体会。打造"一流"，是中央对国有企业的目标要求；国有资本运营，是公司改革试点的功能定位；"综合性"，则是塑造公司竞争优势的最大特点和切入点。下一步，我们要坚持"一聚焦、两覆盖、三综合、四契合"。"一聚焦"，就是强调运营对象必须聚焦进入实体产业的国有资本，不能"脱实向虚"，而要"以虚活实"，在振兴实体经济中大有作为。"两覆盖"，就是基本实现中央企业全覆盖，通过各个业务板块累计与近 90 户中央企业开展合作，积累了大量的优质客户资源；实现战略性新兴产业 9 个子领域全覆盖，超过 80% 的项目投资金额分布在相关产业，储备了丰富的长期增长潜力。"三综合"，就是公司拥有相对清晰的五大业务板块，能够综合运用多元资本运营手段进行大协同；拥有优质的境外投资平台，能够综合利用国内国外两个市场进行大统筹；拥有一大批优质财务性持股投资项目和几个战略性项目，能够综合平衡财务性投资为主和战略性项目培育孵化进行大布局。"四契合"，就是"资本＋人才＋技术"轻资产运营模式，与国有资本运营公司在增强资本流动性中优化布局的任务高度契合；公司支持企业科技创新、深化改革和"走出去"的业务方向，与服务创新驱动发展、"一带一路"等国家战略倡议高度契合；坚持"五个守住"、打造公司投资生态圈的投资策略，与我国经济发展"五个新机遇"高度契合；以出资关系为基础，在不同所有制出资企业探索建立党建工作新模式，与国有企业发挥党建独特政治优势的要求高度契合。

今后一段时间，为着力培育公司差异化竞争优势，全系统要明确重点任务，精准发力。

（一）在加快建立"大协同"格局上用功发力

打造公司"大协同"工作格局，是培育差异化竞争优势的关键所在。要着力推动业务大协同。从理念、体制、机制、制度入手，紧紧围绕客户开发、项目推介、组合营销等，推动各业务板块之间实现协同合作。要着力规范基金板块内部竞争和协同，确保各只基金按照各自定位和投向选项目、投项目，同时持续探索基金之间的项目合作以及联合投资，更好实现差异化协同化发展。要着力推动项目大协同。目前，公司聚焦战略性新兴产业打造投资生态圈，已在相关领域投资了一大批项目。这些项目企业之间具有很大的协同空间。要发挥公司在其中的资本纽带和资源链接作用，想方设法推动相关企业通过业务、技术合作和产业链协同等，发生"化学反应"，充分激发价值潜力。要着力推动管理大协同。全系统上下都要牢固树立"大协同"意识，始终站在公司全局的战略高度，主动谋划推动"大协同"工作。要打破"部门墙"，围绕业务需要做好跨板块、跨部门、跨层级的管理协同。要加快制定推动公司协同工作指引，建立内部"市场化"协同利益分享机制，将各单位协同贡献纳入考核指标体系，为协同工作开展提供制度保障。

（二）在加快提升投后赋能专业能力上用功发力

切实增强投后管理专业能力，是培育差异化竞争优势的迫切需要。要坚持"分类赋能"。区分战略投资项目、重要投资项目和一般投资项目，分类研究制订投后赋能策略。要做到"精准赋能"。以价值提升为目标，在对有关投资项目的赋能需求全面摸底的基础上，不断丰富完善投后赋能"工具箱"，从而"一企一策"实施赋能计划。要强化"靠前赋能"。按照"投后从投前做起"的要求，将投后管理关口前移，在项目立项环节即要同步明确投后管理策略，并确保落实到投资协议等法律文件中。要坚持"无管不投"的理念，将是否有具体可行、可落地的投后管理计划，作为投资决策的重要条件。要做好"跟踪赋能"。持续跟进、及时掌握有关项目企业不同阶段的赋能需求，定期复盘项目投后赋能的进展成效，不断调整优化赋能策略、方式和手段。

（三）在前瞻谋划基金投资项目退出上用功发力

投资项目能否成功退出，是检验投后赋能效果的"试金石"，也是决定投资成败的最终标准。这是培育公司差异化竞争优势不可忽视的重要环节。要加强退出规划。基金管理公司要做好总揽统筹和顶层设计，尽快组织各只基金全面摸底，结合基金的存续期、投资进展和项目情况等，科学制订基金项目退出整体规划。要督促指导各只基金适时制订项目退出具体计划，逐一明确项目的退出时间节点、方式路径等，提前谋划、提前布局。要把握退出时机。根据市场形势变化，研究明确每个项目退出的上策、中策和下策。要坚持"退"和"投"结合，如果项目无法如期退出，要限制项目组新增投资。要拓宽退出渠道。具备条件的项目，要灵活选择国际国内渠道平台，综合利用 IPO、并购、股转和回购等方式退出。对于可以长期持有或一时难以退出的优质项目，要提前布局，包括设立特定项目退出专业平台，探索各板块、各基金之间开展项目承接合作等；对于在公司投资生态圈内具有良好协同效应的项目，探索推进被投企业之间的并购整合；对于合作伙伴间具有产业协同效应的项目，通过深化合作努力开辟新的退出渠道。

（四）在创新金融服务和高效股权运作上用功发力

推动各板块实现均衡发展，是培育综合差异化竞争优势的客观要求。在拓展金融服务方面，应该认识到，在当前严控央企搞金融的背景下，国资委允许运营公司在一定条件下有所例外，这既是对试点的支持，更是公司承担的责任。所以，我们一定要紧紧围绕央企资金融通的堵点和难点，发挥运营公司作为央企金融服务平台的特殊优势，更好促进产融结合、以融促产，更好服务实体经济。要在风险可控、管理可及的前提下，稳健推进有关核心金融牌照获取。要探索运用金融科技创新保理、租赁产品服务，不断优化商业模式。要确保大公资信按期复业，填补资信评级领域的"央企空白"。要加快完善、推广"企票通"平台，探索设立"央企信用保障基金"。在加快股权运作方面，必须最大限度盘活用好划入股权，迅速打造成为未来公司效益来源的重要增长点。要尽快扩大运作规模，捕捉市场机会，加快推动委托管理落地，积极开展自主运作，抓紧推进央企创新驱动 ETF 产品换购工作，确保按时完成发行。

（五）在持续完善公司管理体系上用功发力

完善管理体系，是打造核心竞争能力、培育差异化竞争优势的基础支撑。要探索科学的管控模式。按照权责匹配、风险可控、运行高效的要求，在有效承接国资委授权放权清单的基础上，建立对所出资企业（包括各只基金管理人和重要三级子公司）的授权放权清单，实现"权力下放、责任下移、利益捆绑"。要构建完善的组织体系。按照纵向有管理监督、横向有协同支撑的网络布局，进一步强化总部对各业务板块协同发展的统筹能力、总部决策支持与业务支撑能力、公司研究院对全系统研究力量的整合能力。要加快制定实施总部"三定"方案，各所出资企业也要结合自身战略定位和业务拓展情况，合理确定组织结构，建立以客户需求为导向的运行机制。要建立完备的制度体系。从基本制度、专项制度、实施细则三个层面，做好制度"立改废释"。强化制度刚性约束，坚持依法治企、从严治企，树立制度权威，绝不能让制度成为"橡皮筋"。要加快推进信息化建设。按照国资委构建国资国企在线监管系统的有关工作要求，抓紧建立公司横向到边、纵向到底的实时动态监管运营体系，打破"信息孤岛"，实现对全系统重要经营管理信息的有效穿透监督。

（六）在构建运营公司党建工作新模式上用功发力

构建符合运营公司特点的党建工作新模式，是开展试点的重点任务，也是培育公司差异化竞争优势的根本政治保证。要注重发挥党建优势。聚焦运营公司的目标任务，发挥党的思想建设优势、组织工作优势、推动发展优势、文化宣传优势、群众工作优势。要积极探索党建着力点。区分国有出资不同比例的企业党组织职责和功能定位，加快推进以财务性持股为主的混合所有制企业党建进章程、实现支部建制的企业行政负责人与党组织负责人"一肩挑"、推进战略管控项目企业落实党建工作要求、加快在板块功能公司党支部战斗堡垒作用发挥上有新突破。要持续抓好党风廉政建设。落实纪检监察体制改革要求，明确职责分工，强化监督协同，形成监督合力。要认真落实长期整改事项的后续工作，坚持问题导向，把握政治巡视定位，切实抓好公司各级党组织的巡视巡察工作。加强警示教育、廉洁教育，以案为鉴筑牢思想防线。

培育公司差异化竞争优势是一篇大文章，是关系公司高质量发展的一项战略性安排，涉及公司上下各个层面，也涉及公司改革发展和党的建设方方面面，要全面加强党的领导、发挥党建独特优势，充分调动总部各部门、各板块和公司广大干部员工的积极性、主动性和创造性，确保这项工作落实到位。

积极打造国有资本运营升级版[*]

打造国有资本运营升级版，是深入推进运营公司改革试点的一项战略安排。要立足于推动试点从初步运作向成熟运营转变，坚持问题导向，聚焦在运营平台、运营模式、运营能力三个方面探索发力、实现升级。

一、以运营平台升级为根本，进一步夯实资本运营基础

国有资本运营公司，是以管资本为主改革国有资本授权经营体制的重要载体，是开展国有资本市场化运作的专业平台，也是自主参与市场竞争的独立市场主体。推动运营平台升级，就是要按照提升国资国企改革综合成效要求进一步把准平台定位。

要以管资本为主进一步打造好平台。在推进新一轮国资国企改革中，国资委落实以管资本为主要求，陆续印发了授权放权清单、权力和责任清单。运营公司上接国资监管机构，下接资本运作和企业经营，是承接国家出资人代表授权、推动改革试点的关键平台。要适应监管职能转变，在平

---

* 此文节选自 2020 年 1 月公司全年工作会上的讲话。

台升级中加快探索明确与国资监管机构、出资企业的上下权责边界和授权行权方式，通过打造管资本为主的运营平台，确保将国资监管要求及时转化为股东意志、进而落实到企业市场行为中，既贯彻好国家出资人代表意志，也维护好出资企业市场主体地位，使市场在资源配置中发挥决定性作用。

要以服务央企为重点进一步打造好平台。作为一家国有资本运营公司试点的中央企业，服务央企改革发展是公司的责任使命。国务院国企改革领导小组将我们作为运营公司试点，就是希望以重点服务央企开展资本运营，提升央企国有资本整体回报和运营效率；如果离开了重点服务央企去运营资本，就背离了确定公司试点的初衷。在下一步平台升级中，要更加自觉守好服务央企的本位，按照高质量发展要求，通过运营平台在推动央企提质增效、深化改革、科技创新、"走出去"等方面取得新成效。同时，更加积极发挥关键支点作用，主动在协助央企开展战略性重组、专业化整合、促进产融结合方面寻求新的合作机会。

要以市场化机制进一步打造好平台。运营公司与传统产业集团相比，所从事的资本运营业务市场化程度普遍较高；与过去有些地方国资管理公司、城投公司相比，我们不是行政化的政府融资平台，而是市场化运作的企业主体，必须在市场化改革方面走在前列。要适应市场化机制要求，以强化专业判断、保持高效灵活、完善"强激励硬约束"机制为重点，在坚持市场化改革方向上拿出更多的实招和硬招，在全系统进一步牢固树立"以业绩论英雄、向市场要答案"的鲜明导向。

二、以运营模式升级为核心，进一步拓宽资本运营空间

"资本＋人才＋技术"轻资产运营模式是公司搞好国有资本运营的方向选择，也是培育差异化竞争优势的核心构成。实现运营模式升级，就是要在完善轻资产运营模式方面取得新突破。要在资本融合发展上取得新突破。立足于运营模式升级，紧紧围绕引导带动社会资本共同发展的试点使命，在运营对象上拓展更大视野，继续广泛汇聚、撬动各类资本，不断放大国有资本功能。要注重发挥财务性持股为主的特殊优势，紧扣混合所有制改革这一国企改革的重要突破口，在支持央企国企混改的同时，通过投资一批发展潜力大、成长性强的非国有企业并转成混合所有制企业，更好促进各种所有制资本取长补短、相互促进。

要在资产结构优化上取得新突破。轻资产运营模式要求保持良好的资本流动性，但一个大企业要实现稳健经营、可持续发展，也必须要有一定规模的基石资产，国内外许多著名大企业都是以此获得稳定的现金收益。目前，公司的资产结构还不尽合理，推动运营模式升级必须辩证地解决好这个问题。要从投资源头入手大力调整优化资产结构，通过投资

持有适当比例的可交易、可变现的流动和上市资产，保持合理的流动性。同时，主动谋划投资若干处于成熟产业、拥有"护城河"的战略性"压舱石"项目，夯实一定比例资产的稳定性，增加现金流收益来源。力争用 3 年左右时间，将公司利润中的现金收益占比提高到一个合理水平。

要在产业投资布局上取得新突破。从目前中央企业布局结构来看，大多还处于传统产业，转型升级压力较大，"卡脖子"问题也比较突出。随着央企重点领域改革不断深化，加快迈向高质量发展，专业化重组整合、非主业资产剥离、低效无效资产处置等，将成为国有资本布局结构调整优化的重点。因此，必须在运营模式升级中更加完整地理解"＋技术"的含义，要坚持创新驱动发展，在聚焦支持战略性新兴产业发展、持续做优增量的同时，关注传统产业的科技创新和转型升级，稳步加强以央企为主的存量盘活、主动减量等业务探索，按照"增量要增亮点、存量要抓重点、减量要减痛点"的思路，更加合理地布局产业投资，更好促进实体产业发展。

三、以运营能力升级为重点，进一步提升资本运营效率

高效的运营能力是公司增强核心竞争力的内在要求，也是打造国有资本运营升级版的重要支撑。

要重点提升专业投资能力。投资能力是运营公司的"基

本功"，提升投资能力必须树立"工匠精神"，不能一味追逐"风口"、抢"明星项目"，要潜下心来"练好内功"。坚持在项目评判中切实把好"三关"，即产业技术关、财务风险关和战略方向关，不断提升公司投资综合价值和整体质量。要统筹内部研究力量，善于利用专家"外脑"，密切跟踪宏观形势、监管政策、行业动态，围绕完善公司投资生态圈，加强产业细分领域的基础性前瞻性研究，画好、用好产业投资图谱，真正开发投资一批产业新锐企业、头部企业和"隐形冠军"，通过增强专业投资能力展示运营公司投资的"硬实力"。

要重点提升价值创造能力。企业要讲效益，投资要讲回报，这是市场经济的基本法则，也是检验企业核心竞争能力的重要指标。一个不关心企业盈利和现金流状况的企业家，不是合格的企业家；一个不关心项目投后管理、退出及回报情况的基金管理人，也不是合格的管理人。所以，我们要把提高投入产出比摆在更加突出的位置，自觉将投入产出比特别是现金收益回报，作为资源配置的重要考量因素，推动有限的资源更多向既是战略重点、投入产出比又高的优质高效领域集中，并与绩效考评紧密挂钩，确保"好钢用在刀刃上"。公司全系统都要牢固树立成本效益意识，认真算好"经济账"。

要重点提升协同创新能力。从一定意义上讲，我们开展运营公司试点，是主动从其他央企的业务空白中寻找切入点，通过协同创新逐步发展起来的。如果试点之初就成为其他央企的竞争对手，公司就不会有今天的良好发展局面。所以，下一步要把协同创新作为培育差异化竞争优势、提升运营能力的重点方向，进一步找准央企改革发展的"焦点""痛点""难点"，持续加强运营业务、产品和模式创新，始终在央企合作中做到"站好位、错好位、补好位"。在公司内部，既要围绕构建"大协同"格局，建立健全业务协同机制，大力推动各个业务板块共同进行客户开发、项目推介、组合营销，也要系统梳理生态圈企业的产业链"耦合点"，加强业务合作、项目对接和生态整合，催生聚合效应，实现共生型发展。

把提升运营公司品牌竞争力摆到突出位置[*]

国有资本运营公司是一种全新的运营模式，没有先例可循。从运营公司与产业集团、投资公司、金融机构比较来看，产业集团、投资公司依托产业资源开展运营，尽管前期需要大规模投入，但长时间运营掌控了产业链、稳定了供应链，往往具有重资产特点，因而构筑起短期内难以被对手超越的竞争优势；金融机构一般都持有稀缺核心牌照、具备特定业务渠道，一旦确立了行业地位就会在市场竞争中形成较大优势；而我们资本运营是轻资产模式，按照以财务性持股为主的要求，不直接掌控产业资源，没有行业准入保护，资本和人才作为核心资源又有很强的市场流动性，因此相关业务板块比较容易被竞争对手模仿超越。那么，公司在轻资产运营模式下的核心竞争力体现在哪里，有什么比较优势？通过分析研究不难发现，资本运营虽然没有产业壁垒、专利保护，但是具有特别显著的品牌门槛。提升公司品牌竞争力，实际就是在培育运营公司差异化竞争优势的"高门槛"和"护城河"。

---

* 此文节选自 2020 年 7 月公司年中工作会上的讲话。

实践中，判断一个企业品牌的影响力竞争力，往往可以从四个维度来分析，即知名度、认知度、美誉度和忠诚度。但从市场竞争的角度看，关键是对品牌的价值认同。有的企业品牌尽管知名度很高，但市场并不认可其品牌价值，也就谈不上影响力竞争力。只有真正获得市场和客户高度认同的品牌，才能成为企业核心竞争力的标志，并为企业带来无形溢价和竞争优势。

在塑造品牌、赢得竞争方面，国内外很多优秀企业案例值得学习借鉴。比如，华为公司强调"时刻铭记质量是华为生存的基石、是客户选择华为的理由"，保持战略定力持续研发创新，将提供高质量产品服务作为创造客户价值的基础，建立了稳固的品牌美誉度和忠诚度。华润集团以"成为大众信赖和喜爱的全球化企业"为愿景，围绕更好服务大众生活、持续创造客户价值，不断拓展产业版图，在能源、医药、零售等多个充分竞争行业构筑了丰富的品牌矩阵，实现了高质量的多元化发展。黑石、红杉、KKR 和 3G 资本等投资机构将打造诚信、创新、卓越、负责任的专业团队，作为塑造品牌的立身之本，凭借跨越经济周期的稳定价值回报赢得了投资者信任，成长为另类资产管理、创业投资、并购基金等细分领域的行业标杆。这些案例启示我们：企业品牌不是一个抽象的符号或者口号，而是紧紧依附于一个企业的品质、能力、管理、文化等内在素质；品牌作为企业重要的无形资产，是企业价值的重要组成；品牌塑造的规律与企业成长规律、市场竞争规律一脉相承。因此可以说，企业品牌是公司在轻资产运营模式下，培育差异化竞争优势不可或缺的关键载体。

经过这几年的试点，我们已经初步在国有资本运营领域树立了公司品牌，并逐渐获得了各方认可。大家对于公司品牌的印象可以概括为四个字，即"新、优、好、快"。新，就是形象新。作为一家在国资国企改革中应运而生、顺势而兴的新央企，作为国务院国资委直接组建的平台公司，相比一般央企没有传统产业业务，天然具备创新基因，拥有较强的改革动力、市场活力，更多呈现出新形象新气象。优，就是业务优。打造形成了运营公司中独有的功能齐备、边界清晰、互补性强的多个业务板块，而且基本没有历史包袱。各个板块业务大协同、境内境外运营大布局、财务性投资为主与战略性项目培育孵化大统筹的综合性运营优势逐步凸显。好，就是机制好。坚持将党的领导、国资监管与完善市场化机制有机结合，努力在市场化、专业化改革上走在前列，通过持续深化"三项制度"改革构筑机制优势，牢固树立"以业绩论英雄、向市场要答案"的鲜明导向，凝聚起了一支年轻化、高素质人才队伍。快，就是发展快。公司利润增长实现试点"四连跳"，资本运营实力、市场竞争能力和抗风险能力迈上了一个新台阶。从更深层次上看，公司品牌之所以能够赢得认可，归根结底是我们紧紧围绕党和国家战略部署，按照国务院国资委工作要求，以服务央企为本位，主动创新业务，发挥功能作用，彰显运营公司独特价值的结果。

当然，在看到优势的同时，也要看到公司内部在品牌竞争力方面的不足和短板。一些同志对塑造品牌的站位不高，经营管理中的品牌意识比较薄弱，有关业务工作与品牌影响联系还不紧密。从现在起要在全系统强调，品牌是公司核心竞争能力的综合体现，更是我们轻资产运营模式的"高门槛""护城河"。登高望远，公司进入经营业绩 A 级央企序列后，既不能当野蛮生长的"暴发户"，也不能当昙花一现的"独角兽"，更不能成为胸无定力的匆匆过客，而是要做资本运营的"常青树"。为了打造百年老店、实现基业长青，全系统必须把提升品牌竞争力摆到突出重要的位置，努力将公司品牌打造成为经得起时间和市场考验的"金字招牌"。

塑造优秀品牌的根本，取决于企业价值创造能力。要重视通过运营公司功能作用有效发挥来进一步提升品牌价值和竞争力，努力在推动国有经济高质量发展中展现新作为、创造新价值。

一是发挥好金融与支持实体的桥梁作用。产融结合是公司品牌的独特价值所在。运营公司一端连接着金融资本，一端连接着实体企业，是以融促产、以虚活实的关键接合部。要继续创新融资工具，以多种方式广泛撬动社会资本，探索建立长期性融资注资机制，支持央企降低融资成本，及时补充流动性。要坚持符合运营需要、成本风险可控的市场化原则，稳健推进获取有关核心金融牌照，进一步丰富金融服务工具手段。要围绕国资委部署的"三稳四保一加强"重点任务，综合运用保理租赁、资信评级、支付清算、债券增信等金融产品和服务，更好支持央企压两金降杠杆、提升市场融资能力，并在增强产业链供应链"生态信用"、化解债务违约风险、稳定债券市场预期等方面发挥更大作用。

二是发挥好服务国企改革发展的引擎作用。提升国企改革综合成效，助力国企发展动能转换，是公司作为国有资本运营品牌的核心价值体现。要以实施三年行动方案为契机，坚持以服务央企为本位，坚定不移深化运营公司改革试点。要大力完善国有资本市场化运作的专业平台，更好推动国有资本形态转化，着力促进布局结构调整优化，加快培育战略性新兴产业，推动盘活国有资本存量。要发挥公司运营资本与央企匹配度高、认同感强、协同性好的特点，积极参与央企股权多元化、混合所有制和市场化债转股等重点领域改革，配合推进战略性重组和专业化整合，努力在企业完善治理、强化激励、突出主业、提高效率上贡献运营公司力量。要积极发挥基金投资专业优势，精准推动"双百行动""科改示范行动"等改革专项工程，将基金运作的收益门槛与推动改革的具体业绩综合考量，力争在"五突破一加强"、促进转换经营机制方面形成示范和先导效应。

三是发挥好国资与国企相互衔接的枢纽作用。公司品牌不仅蕴含市场价值，还有更深层次的体制价值。改革开放初期，国企改革往往需要借助行政力量去推动；随着社会主义市场经济基本成熟，国企自身与市场经济相融合，推动改革就必须更加注重运用市场化、法治化方式。这是以管资本为主改革完善国资监管体制、改组组建两类公司的历史逻辑。要深刻把握改革国有资本授权经营体制的要求，始终坚持在市场经济条件下，推动运营公司试点与以管资本为主加强国资监管相互衔接、同频共振，继续探索创新资本运营的体制、机制和制度，确保将国资监管战略部署及时准确转化为资本运营的市场行为。要结合公司各个运营业务板块的发展阶段，持续优化组织架构和管控体系，动态调整总部权责事项和授权放权清单，明确上下权责边界。要落实好国资监管有关要求，通过释放运营公司业务板块的活力动力，以市场化方式不断扩大与央企合作、助力其改革发展，更好服务于央企国企。

四是发挥好境内与境外双循环的渠道作用。公司境外投资平台经过七年富有成效的探索实践，其国际化品牌形象逐步确立，影响力稳步扩大。要根据形势变化，稳妥应对复杂严峻的外部环境，继续协同中国企业推动境外项目有序落地、规范运营。要适时调整优化区域布局和行业布局，继续支持中国企业在"走出去"特别是参与"一带一路"建设中走稳走好。探索以市场化方式推动有关核心技术、先进产能等"引进来"，积极助力构建以国内大循环为主体、国内国际双循环相互促进的新发展格局。

锚定"三个跨越"目标，
推动运营公司高质量发展[*]

　　"十四五"时期，要坚持以推动高质量发展为主题，紧紧围绕建成具有全球竞争力的一流的综合性国有资本运营公司，力争实现"三个跨越"。要实现效益新跨越，保持净利润稳步增长，确保到 2025 年再增加 100 亿元以上；要实现规模新跨越，在严格控制资产负债率的前提下，确保到 2025 年末实现资产规模再增加 3000 亿元以上；要实现业务新跨越，在获取核心金融牌照、打造央企数据服务平台、探索创新央企 REITs 业务和市值管理机制、拓展文化教育等实体产业方面取得关键性突破，形成"5 + X + 1"公司业务新布局。

　　按照高效、均衡、可持续和契合国家战略的发展要求，未来五年，我们要建设成为一家更加领先的国有资本运营公司，持续巩固提升各个业务板块大协同、境内境外运营大布局、财务性投资为主和战略性项目培育孵化大统筹的综合性运营优势，努力在运营公司改革试点中领跑。未来五年，我们要建设成为一家更有分量的中央企业，在质量效益明显提

---

　　* 此文节选自 2021 年 1 月公司全年工作会上的讲话。

升的基础上推动规模实力再上一个新台阶，充分发挥运营公司在支持科技自立自强、深化国资国企改革、助推国内国际双循环中的重要作用，努力稳居中央企业 A 级阵营。未来五年，我们要建设成为一家更为专业的投资机构，将公司品牌塑造成为投资、运营领域的国家级名片，不断提升差异化竞争优势，在与世界一流企业对标竞技中努力打造形成较强的行业影响力。

开展国有资本运营必须坚决防止"三个倾向"*

公司要坚持稳中求进，必须进一步廓清开展国有资本运营要遵循哪些规律、哪些原则，保持战略定力，坚定不移走好自己的路。当前，要结合运营业务实际，正确认识把握国有资本的特性和行为规律，坚决防止"三个倾向"。

一是坚决防止"脱实向虚"的倾向。运营公司开展的业务资金驱动特征明显。这些业务不仅资金密集，而且呈现"大进大出""快进快出"的特点，特别容易滋生"赚快钱"的短期逐利思想，萌发"脱实向虚"的苗头倾向。对此，我们一定要深刻认识到，国有资本除了流动性、增值性等资本一般属性之外，还具有国家权益的特殊属性，承担着服务国家战略、巩固执政基础、保障国计民生的功能。国资委监管的中央企业，都肩负着强实业兴产业的光荣使命。要始终牢记运营公司"以虚活实""以融促产"的功能初衷，顶住"赚快钱"的诱惑，更好发挥国有资本作为生产要素的积极作用，有效控制消极作用，坚定把发展着力点放在实体经济上、放在服务央企的本位上。公司基金投资要聚焦实体，坚

---

* 此文节选自 2022 年 1 月公司全年工作会上的讲话。

决守住产业链高端和关键核心技术"卡脖子"环节，重点投向"硬科技"项目，谨慎选择平台类、子基金项目；金融服务要聚焦打通产业链供应链堵点，持续丰富产品供给；股权运作要更加注重支持央企上市公司市值管理，助力其提升产业话语权和控制力；对回报低于资金成本的项目原则上不投。

二是坚决防止"越投越重"的倾向。运营公司以财务性持股为主开展资本运作，不谋求掌控具体产业。试点之初，公司曾在产业投资、企业培育等方面作了一些尝试，但未能取得预期效果。随着近几年公司规模实力不断增长，有的业务板块及子公司又逐步产生了尝试战略性投资的冲动、提出了采用并购式扩张充实主营业务的想法，对此要极其慎重。我们要牢记运营公司改革试点的一个重要体会，就是通过自身资本流动助力央企资本的合理流动。要谨守功能定位，持续推进"资本＋人才＋技术"轻资产运营模式，坚持市场配置、专业判断和价值追求"三轮驱动"，以提升国有资本流动性为基础，实现保值增值、推动布局优化，切实避免"越投越重"冒头回潮。新增投资项目既要坚持财务性持股，又要提高治理话语权，防止"只投不管"；现有的试点初期投资的并购项目要结合轻资产运营模式特点，不断优化商业模式，加快探索运营公司管控个别实体产业项目的有效机制；直接投资要把握持股比例不高但投资金额较大的项目特点，注重平衡好资本回报率和流动性的关系。

三是坚决防止"偏离主责"的倾向。前不久，公司决定设立资产配置公司，作为专司直接投资的独立板块，形成公司新的第六个业务板块。客观来看，由于公司各业务板块成立时间、业务基础、资源禀赋不同，确实存在一些发展不平衡现象，有的出资企业为此出现了急躁冒进、多头展业的问题。"守少则固，力专则强。"要进一步强调，运营公司虽然没有主业限制，但不能四面出击，发展不能"失焦"，尤其是已经明确的业务板块必须聚焦主业、做精专业。各板块要认真对照公司"十四五"规划部署，聚精会神推动业务创新、锻造专业能力、提升平台功能，坚持以"专业"构筑差异化竞争优势。公司"十四五"规划中对相关业务要求比较原则的，要结合实际加快探索细化。直接投资业务要梳理明确发展思路、业务模式，进一步规范"两股"事务管理；资产管理业务要深入探索"双平台"模式，紧紧围绕"两非两资"① 剥离处置，发挥运营公司特殊功能；要重视推进信息化基础建设，为打造央企数据服务平台主动探索布局。

---

① 两非，即非主业、非优势；两资，即低效资产、无效资产。

推进运营业务要努力做到"六个适应"*

在近几年公司实现跨越式发展的过程中，必须更加清醒地分析并解决一些关系运营战略的深层次问题。从提高运营公司核心竞争力和增强核心功能来审视，公司推进运营业务要努力做到"六个适应"。

一是运营业务推进与可持续发展要适应。公司在经历连续多年高速发展后，近年来多项运营业务面临瓶颈，内涵式增长支撑不足问题逐步显现。如基金投资进度不及预期，存量规模持续减少；保理、租赁业务受货币政策宽松影响，市场竞争更加激烈；股权运作方式正在调整转变，研判市场形势、突出自主运作、防范波动风险面临专业能力和业务模式的新挑战；境外投资受地缘政治影响，市场空间受到挤压，未来两年债类项目将集中进入退出期，保持存量规模、支撑业绩稳定的难度进一步加大；直接投资板块上半年没有新增投资项目；证券公司业务拓展有进展，但规模不大，在差异化发展、专业性协同性提升方面还没有完全破题。从各个板块制订的三年发展计划来看，公司实现"十四五"末净利润

---

* 此文节选自 2023 年 7 月公司年中工作会上的讲话。

目标、确保可持续发展，亟待下更大力气培育开拓新的增长点。

二是运营效率提升与保值增值要求要适应。运营公司实现国有资本保值增值的关键，在于提升运营效率和效益。从2023年上半年完成"一利五率"情况看，公司利润总额落后于序时进度，净资产收益率和全员劳动生产率均较上年有所下降。从利润构成来看，上半年公司现金收益、参股收益、估值收益较去年底变动较大，效益结构变化趋势也需要密切跟踪。运营效率体现的是企业核心竞争力，如果我们不能在规模增长、队伍增员过程中，保持高效的运营回报、稳定的效益结构，就势必影响公司的运营质量和保值增值责任。

三是运营资源积累与功能作用发挥要适应。近年来，公司注重增加现金收益、稳定本金回流，现金收入整体保持了快速增长，"造血"能力逐年增强。但近几年来要求运营公司完成的"输血"任务也越来越重，公司对外投资所需资金持续保持高位。因此，公司只有加快国有资本"融投管退"的正向增值循环、加快提升自身效益积累能力，才能有效缩小资金缺口、确保运营业务的可持续。

四是运营培育孵化与完善核心功能要适应。公司承担着"股权运作、基金投资、培育孵化、价值管理、有序进退"等运营功能，在支持央企科技创新、深化改革、推动国有经济布局优化等方面取得了明显成效。但由于缺乏实体央企的产业资源、专业人才，公司在项目投后管理、产业链协作、生态圈赋能上相对比较薄弱，"投早投小"的种子期、初创期项目较少。已经投资的成长期项目，尽管有不少技术过硬、市场广阔、团队优秀，但由于运营公司以财务性持股为主，同时受基金存续期时间限制、门槛收益率要求等因素影响，一些项目经过培育孵化与产业央企的协同效应还有较大提升空间。

五是运营管控能力与公司规模壮大要适应。近年来，公司在运营业务快速拓展中推进授权放权，初步建立了二级企业规范的治理机构和动态授权体系。但从运行效果看，有的板块公司治理结构"形已成"但"神不足"，治理主体的决策能力、运作水平有待提升。特别是一些投资项目潜在风险大，却被层层治理主体"一路放行"，直到公司总部最后关口才被"踩刹车"；有的板块公司对于下属核心子企业还"管不了、接不住"，导致"疑难杂症"最终来到总部"坐堂问诊"。随着公司规模不断扩大，业务发展面临的监管风险、投资风险、财务风险、合规风险、境外风险、创新风险呈现交织态势，对公司"三道防线"是否有效提出了新的挑战。适应未来数字经济、科技赋能发展趋势，全系统信息化建设和数字化转型也需要迎头赶上。

六是运营人才培育与业务快速扩张要适应。目前，适应运营公司业务的快速增长，公司党委管理干部数量也逐年扩大。从总体规模看，数量尽管低于委管央企平均水平，但兼职较多，说明公司中层骨干人才还需要加快培养、选拔和招揽引进。从队伍结构看，公司发展急需的懂产业、善管理、会经营的"高精尖缺"产业人才还比较匮乏，明显制约投后管理。近年来，公司党委按照国企干部"20字"标准，大胆提拔使用了一批年轻干部，但如何在急难险重岗位上让他们经受磨炼、积累经验还需要探索有效方式和路径。有的业务板块员工队伍"缺""冗"并存，既缺乏专业领军人才，"业务等人""岗位等人"问题比较突出，又存在"将多兵少"现象，一些不担当、不作为、不胜任干部"下不来""出不去""流不动"的问题没有完全解决。

知己不足而后进，望山远岐而前行。我们要立足于不断明晰运营战略，坚持问题导向、敢于迎难而上，在持续深化改革和加强运营管理的探索中加快实现上述六个适应。

辩证把握国有资本运营中的"守正"与"创新"*

2022 年上半年国内和香港市场 IPO 尽管保持一定规模，但数量均出现锐减。随着全球加息潮持续、金融市场风险升温，叠加国内货币政策不再持续宽松，资本市场仍可能出现一定程度波动，对企业利润和估值势必产生挤压。面对复杂的外部环境，公司系统上下既不能无动于衷、我行我素，也不能消极应对、无所作为。要透过现象看本质，集中精力办好自己的事，探索运用国有资本运营规律，以时不我待的精神加快深化运营公司改革。

随着改革试点不断深入，我们越来越深切感受到，公司推进运营业务发展，仍有不少需要探索的问题。比如，在发挥功能作用方面。随着国资国企改革不断走向深入，国有经济布局结构调整步伐明显加快，国有企业被赋予了发挥国有经济战略支撑作用、强化国家战略科技力量的重大使命。为加快推进这些工作，国资委对运营公司加强运营赋能、推动资源链接，助力实体央企充实资本实力、防范化解风险提出了一系列新任务新要求。如何用市场化专业化方式落实好这

---

* 此文节选自 2022 年 7 月公司年中工作会上的讲话。

些重大任务，解决好试点要求与资源支撑不尽匹配的问题，亟待探索找到答案。又如，在自身发展方面。中央《关于加快建设世界一流企业的指导意见》明确要求，"加快建设一批产品卓越、品牌卓著、创新领先、治理现代的世界一流企业"。尽管近几年公司探索构建了"资本＋人才＋技术"轻资产运营模式，在过去"5＋1"业务格局基础上又增加形成了两个新的业务板块，明确了"五个守住""四不投"等运营策略，实现了跨越式发展。但面向"十四五"时期乃至更长远的未来，运营公司作为一种全新的经营形态，如何通过运营平台推动投资业务、金融业务、实体业务实现协同高效发展，走出一条具有自身特点的世界一流企业成长之路，也需要以不断深化改革找到答案。

寻找这些答案的过程，就是深入探索国有资本运营规律的过程。习近平总书记曾经指出，"我们推进各项工作，要靠实践出真知。理论必须同实践相统一。必须高度重视理论的作用，增强理论自信和战略定力，对经过反复实践和比较得出的正确理论，要坚定不移坚持。要根据时代变化和实践发展，不断深化认识，不断总结经验，不断实现理论创新和实践创新良性互动"。^① 按照总书记的重要指示，总结公司试点实践，要自觉运用马克思主义唯物辩证法探寻规律，当前

---

① 资料来源于 2015 年 1 月 23 日习近平总书记在主持中共中央政治局第二十次集体学习时发表讲话。

关键是要善于把握"守正"与"创新"的关系。

如果将国有资本运营事业比喻成一棵大树，所谓"守正"，就是对于党中央、国务院明确的运营公司功能定位和目标要求，必须坚定不移继续坚持，保持定力，实现"根深干壮"。要坚持市场化改革方向不动摇，落实政企分开、政资分开、所有权与经营权分离，强化运营公司作为商业一类企业的市场主体地位；坚持提高国有资本流动性目标不动摇，以财务性持股为主，在促进国有资本流动中实现保值增值、优化布局；坚持国家战略导向不动摇，以服务中央企业为本位，更好发挥运营公司功能作用；坚持风险防控与业务拓展同步推进不动摇，进一步统筹发展与安全，牢牢守住不发生重大风险的底线。

所谓"创新"，就是要主动适应政策的要求、市场的变化、企业的发展，紧密结合国有资本属性特点，立足打造更加完备的国有资本市场化运作专业平台，不断调整完善工作重点和举措，与时俱进，实现"枝繁叶茂"。要以试点任务为根本，以战略业务为主线，以政策业务为重点，以市场业务为基础，持续推动守正创新。其中，抓住根本，就是按照党中央、国务院决策部署，不断深化改革、完善运营模式，努力推动运营公司走向成熟定型；明确主线，就是围绕助力构建新发展格局，将践行"国之大者"落实细化为运营业务的具体举措，努力寻找资本运营和产业经营的接合部、发力点，更好助力振兴实体经济；突出重点，就是认真贯彻落实国资委工作部署，紧紧围绕中央企业改革、创新、发展的实际需要，积极发挥运营平台支撑促进作用，努力找到政策性要求和市场化运作的最优平衡；夯实基础，就是不断完善运营业务布局，推动各个板块高效运作，形成高质量的投入产出关系，培育市场化差异化竞争优势，努力壮大公司规模、增强运营实力。"创新"的实质，就是持续推动深化改革。把握"守正"与"创新"，要重点处理好以下四个关系。

一、处理好"轻与稳"的关系

国有资本运营的"轻资产"特征和公司效益收入稳健要求相互适应的关系，是应当高度重视的具有运营规律性的一个重点问题。我们曾经分析指出，运营公司因为财务性持股为主而"轻"，没有直接掌控庞大的实体产业，没有行业准入保护，核心资源容易流动，比较容易被模仿超越，因此要重视提升品牌竞争力和影响力。总结这几年公司运营情况，我们进一步体会到，国有资本运营公司在坚持以自身的"轻"来保证国有资本流动性的同时，如果不能保持好资本营利性的"稳"，就会直接动摇运营基础，进而难以筑牢轻资产运营的"高门槛"和"护城河"。

最近一段时间，公司效益承压的最大因素是二级市场的大幅波动。在股市下跌较为严峻的时候，公司效益之所以能保持"稳"，主要是各个业务板块均衡发展取得了明显成效。这几年，公司以市场化方式陆续投资了一批央企重大项目，目前按权益法计算的股权资产占总资产的 1/3 左右；尽管上半年受部分参股央企经营业绩下调影响，参股收益比去年同期有些减少，但仍占公司总收益的 1/3 以上，在稳增长方面发挥了重要作用。

公司运营实践进一步表明，企业资产结构决定效益结构，均衡的资产配置是穿越完整市场周期的关键抓手。要在注重增强国有资本流动性的同时，更加重视通过优化资产配置提升资本盈利的稳定性，以此不断增强抗风险能力。在公司资源配置上，要探索建立整体的资产配置管理机制和指导策略，结合实际提出流动性资产、长期股权资产的合理比例区间，既持有充足比例的可交易、可变现的优质资产，又适度持有若干处于成熟产业的"压舱石"项目，夯实优质底层资产。在板块资源配置上，要进一步提升行业研究能力、建立资产配置监测调整体系，在基金投资中合理布局上市、非上市项目，优化投资组合的行业配置；在股权运作中逐步建立战略资产与战术资产、顺周期资产与逆周期资产配置相结合的框架体系，以此获取更好回报、降低市场风险。各个业务板块既要重视投入产出，也要注意防范集中度风险，不能一味追求效益增长，将板块资源过度集中到当期具有较高收益的资产上。在项目资源配置上，要平衡好资本回报率和流动性的关系，努力做到"算清账""保好本"。前一段，公司对涉及央企改革的重点参股项目进行了分析，有的项目现金分红无法覆盖融资成本。要按照国资委工作要求，高度关注自由现金流状况，不能任其长期为负。要尽快探索建立融资成本覆盖机制，尽可能提高项目分红比例，在争取参股收益的同时，确保公司整体现金流的平衡。

二、处理好"轻与实"的关系

国有资本运营，既要在流动上强调"轻"，更要在流向上强调"实"，这是公司与市场上一般投资机构的关键区别，也是一个反映国有资本运营规律要求的重大题目。近年来，公司党委反复强调，在国有资本运营主业上必须牢牢聚焦实体产业不走偏、坚持以服务央企为本位，确保公司投资类、金融类业务"以虚活实、以融促产"，坚决防止"脱实向虚"。

实践表明，我们作为国资委监管序列的中央企业之一，更有条件理解把握产业央企发展需求、实现协同互动。目前，公司投资项目呈现出"三个各占一半"的特点，即：在区域布局上境内投资和境外投资金额各占一半，在行业布局上传统产业和战略性新兴产业投资金额各占一半，在合作对象上重化工企业和其他行业央企各占一半。"十四五"时期国有经济要发挥好战略支撑作用，推动国有资本向重要行业和关键领域集中，向主业央企、优势央企、链长央企集中，势必要求运营公司进一步提升支撑服务的广度、深度和力度。要更加突出各业务板块的不同功能，共同推动国有资本在流动中更好承担振兴实体产业的重要使命。

要聚焦关系国家安全、处于支柱领域和关键行业的头部优质央企，汇聚带动更多社会资本，切实加大股权投资力度，更好支持央企在夯实大国根基、保障国计民生、推动绿色低碳转型、服务构建新发展格局中发挥"顶梁柱"作用；聚焦中央企业股权多元化改革、战略性重组、专业化整合，统筹运用直接投资、基金投资等方式，稳步加大改革投入力度，助力央企做强主责主业、优化产业结构，避免同质竞争和重复建设；聚焦中央企业"两非两资"剥离清退，通过协议转让、无偿划转、资产置换、联合整合、不良资产收购处置、市场化债转股、公募 REITs 等方式，努力盘活存量资产，同时跟踪研究、有序参与经营性国有资产集中统一监管工作，推动国有资本在更大范围实现优化配置；聚焦提升央企控股上市公司发展质量，推动优质资产向上市公司集中，更加积极主动地在完善治理结构、加大股权流动、提升资本实力、发现市场价值、增强资本市场沟通运作能力等方面发挥运营公司作用；聚焦支持中国企业"走出去"，妥善应对国际形势变化，及时动态调整境外投资策略，重视探索完善境外投资方式，努力保持合理投资力度和强度，助力央企开展国际化经营、国际产能合作，参与"一带一路"建设，为畅通国内国际双循环贡献力量；聚焦提质增效、化解风险，充分用好证券、期货、保理、租赁等业务资源，不断丰富服务央企的手段方式，完善面向央企产业链供应链的综合金融服务平台，更好服务央企减负债、压两金、稳杠杆。

三、处理好"轻与新"的关系

更好发挥国有资本战略引领作用，要求在国有资本运营中既要坚持"轻"的特点，又要培育"新"的特色，注重强化轻资产运营模式中"技术"的价值驱动，这是把握国有资本运营规律的应有之义，在当前具有重大的现实意义。我们要在支持科技创新、促进实现高水平科技自立自强上争取更大作为，努力实现技术投资的战略价值最大化。

目前，公司基金投资战略性新兴产业项目金额整体占比、股权运作板块在运作上市公司股权中战略性新兴产业占比均超过70%。尽管如此，具体到项目层面看，公司投资的项目绝大多数属于成长、成熟期，处在种子期、初创期的科技孵化类项目占比还不多。长期来看，这与公司拥有国家级国有资本风险投资基金的地位实力是不相符合的。只有在关系国家战略安全领域，在关键核心技术"卡脖子"环节，加快培育孵化一批有分量的"硬科技"项目，才能真正塑造运营公司"投创新"的专业能力和竞争优势。

所以，要进一步发挥公司基金投资契合科技创新需求的优势，持续加大国有资本的创新投资力度，在服务央企打造原创技术策源地、突破关键核心技术"卡脖子"环节上，创新方式、形成支撑。要探索风险资本投资机制，择机在国家级基金下筹设风险投资专项子基金，专注于国家战略安全、重点行业和产业发展所需的基础性、前沿性、颠覆性技术，进一步探索"投小、投早、投好"；针对短期难以形成规模、盈利空间有限，但涉及"卡脖子"环节和产业链"堵点""难点"的项目，加快探索有效的投资路径。要健全内部流转培育机制，重视完善覆盖项目成长周期的投资体系，进一步调整不同基金的投向定位，强化基金投资、金融服务、资产管理、股权运作、直接投资、证券业务等板块协同，探索科技创新项目内部流转培育方式，在提高价值发现能力的同时，分享项目成长价值，实现长期投资回报。要建立原创技术转化机制，以运营公司为平台进一步集聚各类创新要素，努力推动央企之间投资链和创新链、产业链深度对接，突出培育孵化功能，找准所投项目与央企创新体系、产业体系的嵌入点和合作点，以市场化方式加快打通科技、产业、金融快速连接通道，努力促进原创技术成果转化形成现实生产力。

四、处理好"轻与重"的关系

探索把握国有资本运营规律，还要注意在公司业务整体"轻"与局部"重"之间做好统筹、实行差异化管控。尽管轻资产运营模式强调不直接掌控实体产业资源，但公司成立早期，国资委划入了几家实体央企，保持了存续经营；在试点前两年，公司也投资了几户实体企业，其中有的持有控股股权、有的是单一机构大股东，金额大、保值增值极具挑战。近几年公司又先后投资并购了几户完善运营功能性的公司。这些比较"重"的所出资企业和投资项目，与"轻"一些的财务性投资项目相比，其管控体系和要求是完全不同的。

总结前期试点实践，这几年公司明确提出"三分投、七分管"的投资理念，要求纠正"重投、轻管、不言退"的倾向，强调在"募投管退"全流程各环节都要做到有效管控，部署开展投后赋能行动，组建战略性项目管委会，采取了一系列扎实有效措施，实现了战略性项目隐患逐步消除、业绩持续向好。

下一步，要针对控股企业和控股项目"重"的特点，以出资关系为基础，进一步健全差异化管控体系，大力提升管理效率和效果。在功能公司管控层面，要更好把握"收权"与"授权"的节奏，既坚持总部层面对战略规划、重大决策、资源配置、考核分配等事项的统一管控，又积极推动功能公司健全党组织设置、规范治理结构，"一企一策"动态授权，支持其高效捕捉市场信号、及时作出专业决策。要坚定不移推进公司基金板块中后台一体化改革，适时启动前中后台一体化试点，努力将其打造成为基金行业的头部机构。对公司系统内一些基本情况尚不完全掌握、相关业务业态发生重大调整变化的实体单元，要依法坚持"先收后放"，循序渐进调整授权清单，不能轻易放松管控。在战略项目管控层面，要发挥好专项管委会作用，通过清晰运营战略、完善治理机制、优化管理团队、拓展市场客户、强化风险防控等具体举措，支持其稳健发展。要压实专项管委会责任，增强战略项目的前瞻性预判，主动采取措施，及时化解风险。今后，要更加强调运营公司功能定位，原则上不追求投资控股。对于国有资本布局相对薄弱的战略性新兴产业领域，要充分论证、审慎进入，注意与产业央企共同合作开发。在实体企业管控层面，要明确发展方向和路径，强化产业思维，沉下心来抓经营、拓市场，加强精细化管理，夯实战略升级的基础。要以开展提升上市公司质量专项行动为契机，重点推动所属上市公司优化治理机制、落实经营责任、提升效益和市值。此外，对于参股项目也要依法参与治理，决不能"一参了之"。对于直接投资参股项目，要认真做好"股东、股权"事务管理，积极支持所投企业改革发展；对于基金投资参股项目，要用好"红黄绿灯"评价机制，落实跟踪责任，强化生态赋能，坚持定期复盘，加强风险评估，采取针对性举措，探索构建退出生态，努力提升项目价值，确保项目如期退出。

综上所述，从"守正"与"创新"的关系上深刻把握国有资本运营规律，目的是要清醒认识公司各项业务的开展和推进不是固定的、一成不变的，而是伴随国资国企改革发展和自身规模实力壮大不断完善的一个动态过程。公司前几年的跨越式发展，只是为今后发展奠定了一个好的基础。全系统要以"归零"的心态重新出发，以把握规律的更高标准，不懈怠、不停步，继续奋发有为，不断将国有资本运营事业引向深入，为实现高质量发展牢牢把好正确航向。

始终把准战略方向，实现企业稳健发展[*]

五年多来，在全面风险排查过程中，我们逐步把明确运营公司战略放在突出重要位置，通过反复学习领会习近平总书记关于改组组建两类公司的重要指示精神以及中央有关政策文件要求，在梳理总结试点初期实践基础上，从提升国有资本流动性的原点出发，重新校正了公司的发展战略。

在功能定位上，明确了以提高资本运营效率和回报为目标，以财务性持股为主开展资本运作，在加快资本流动中助力国有资本布局结构优化；紧密结合公司不具备掌控实体产业的现实条件，把"可做""能做""想做""该做"统筹起来，强调对外投资不能四面出击、发展不能失焦，不能"哪里挣钱就往哪里投"，要牢牢聚焦进入实体产业的国有资本。

在发展模式上，研究提出公司要采取"资本＋人才＋技术"轻资产运营模式，明确资本是核心要素，人才是第一资源，技术是价值体现。在此基础上，深入提出要"三轮驱动"，强化资本的市场驱动，充分发挥市场在资源配置中的决定性作用；强化人才的专业驱动，将"专业至上"作为公

---

[*] 此文节选自 2023 年 10 月公司董事会年度战略研讨会上的讲话。

司立身之本、立业之基和核心竞争力；强化技术的价值驱动，注重平衡经济价值、社会价值和战略价值，努力实现各类投资的综合价值最大化。

在运营策略上，更加自觉在党和国家战略大局中找准结合点和着力点，以服务央企为本位，主动从其他央企的业务空白中寻找切入点，在央企合作中做到"站好位、错好位、补好位"；强调不能仅仅盯着财务回报，要在落实国家战略上发挥应有作用，以支持央企科技创新、深化改革和"走出去"为重点打造公司特色的投资生态圈。同时，针对我们具有较强投资驱动属性的特点，总结提出了"五个守住""四不投"，以此把握好公司投资的方向和节奏、资源的配置和产出。可以说，正是由于公司发展战略深度契合党和国家决策部署、适应央企改革发展需求、符合自身现实基础，才逐步蹚出了一条具有自身特点的国有资本运营之路，实现了过去几年的跨越式发展。

当前，应该认识到，随着运营规模和业务范围的不断拓展，对正确把握公司战略方向提出了越来越高的要求。尽管目前公司七个核心运营业务板块的边界大致清晰，但由于各板块成立时间、业务基础、资源禀赋不同，经常会出现一些新的模糊、交叉甚至冲突的情况。比如，各板块市场边界问题。有的板块过去比较专注一级市场业务，但随着业务发展进入新的阶段，逐步产生了开拓二级市场业务的需求；部分板块在主业基础上围绕客户需求逐步延伸业务链服务链，不约而同进入一级半市场，形成了新的市场重叠。又如，板块之间业务边界问题。私募股权投资基金既是我们开展国有资本运营的核心业务板块，又是一个常用的业务手段；其他板块在拓展自身业务中，适应业务模式探索需要，也势必用到这个手段，进而难免带来新的业务交叉。再如，各板块项目边界问题。随着公司品牌影响力不断提升，兄弟央企与公司各个板块的合作意愿不断加强，一个项目同时接触公司不同业务板块的情况时有发生，几个板块同时尽调一个项目的情况也经常遇到。如此等等，如何处理实际上都涉及公司的战略问题。

　　企业业务问题可以在具体实践中边干边学、边摸索边总结，但是战略问题必须"谋定而后动"，想清楚再迈步，否则一旦出现战略偏差，必定事倍功半，甚至走上弯路、造成重大损失。所以，必须高度重视把准运营公司的战略方向。要自觉心怀"国之大者"。深入学习领会党中央、国务院决策部署，认真贯彻落实国资委工作要求，始终牢记运营公司的使命定位，将提高企业核心竞争力和增强核心功能有机结合起来、不可偏废，在助力产业央企发挥科技创新、产业控制、安全支撑"三个作用"中对好标、定好位。公司的考核指挥棒，要始终围绕这些核心要求强导向、不偏航。要牢固树立"一盘棋"意识。在构建公司"7＋3＋1"新业务格局中，针对我们运营资源相对有限的实际情况，始终坚持有所为有所不为，在各个板块划分业务边界上有的侧重提升效益、有的侧重发挥功能，统筹兼顾"弹好钢琴"，努力实现公司整体效益稳步增长的态势不变、功能作用有效发挥的力度不减。各板块都要顶得住诱惑，自觉在公司运营业务全局中找准各自位置，始终坚守定位、保持战略定力，确保"守少则固、力专则强"。全系统要共同下好"一盘棋"，以此不断推进公司改革发展。要加快构建各板块业务协同"大格局"。深入探索以系统化、协同化方式提升公司的核心竞争力，通过完善协同管理平台、加强战略客户管理、完善激励约束机制等，努力在挖掘客户潜力、延长服务链条、增加业务收益上取得实际成效。各个板块都要主动思考自身业务板块特点是什么、其他业务板块能够协同什么、自己可以为其他业务板块提供哪些协同，力争在业务协同中各展所长、互相补位，不断提高投入产出效率，打造公司特色的运营协同服务模式，携手创造更大的经济价值、战略价值。

三 运营业务拓展与功能作用发挥

发展是解决一切问题的总钥匙。公司贯彻稳中求进工作总基调，不是简单要求速度慢一点、步子小一点，而是要用发展的办法解决发展中的问题，让"稳"的基础更加坚实，"进"的态势持续增强。

突出各业务板块的发展重点[*]

目前，公司五个业务板块是打造国有资本运营升级版的核心支撑，要在做强做优、协调发展上精准发力。

基金投资板块要突出稳中有进。深入总结基金运作规律，规范已有基金运营，控制新设基金规模，合理把握好募资步骤"先与后"、投资节奏"快与慢"和项目金额"大与小"的关系，确保公司各只基金守好定位、协同发展。要加快建立定期项目复盘机制，以前期已投的战略性项目为重点做实"投后赋能行动"，制定实施年度项目退出计划，逐个项目确定"何时退、往哪退、怎么退"，压实责任，择机退出一批项目，保证估值收益真正转化为现金收益。

金融服务板块要强化创新驱动。稳健获取金融牌照，确保管理平稳交接、业务对接融合；加强金融科技应用创新，推动保理、租赁、保险经纪业务优化流程提升效率，实现规模效益同步增长；以提升大公资信市场份额、推动"企票通"规模化应用、扩展财务公司业务资质为重点，丰富完善新业态新模式，更好服务央企提质增效、防范风险。

---

*　此文节选自 2020 年 1 月公司全年工作会上的讲话。

资产管理板块要加快探索特色。立足服务国有资本存量盘活、减量退出，聚焦央企股权多元化改革、混合所有制改革、重组整合、市场化债转股等需求，找准业务切入点和突破口，努力在构建资产管理特色模式上取得突破。

股权运作板块要全力打造新增长点。稳步扩大股权运作规模，持续优化自主运作策略，完善委托管理体系，提升ETF交易属性和配置价值，妥善处理好市场化操作和央企市值管理的关系，尽快成为公司效益增长新的重要来源。

境外投资板块要注重发展转型。继续深化"主动＋创新"理念，完善"投行＋基金"服务模式，逐步从"跟投央企为主"转向"领投跟投并重"，探索开展人民币国际化投资，在支持中国企业"走出去"上发挥更大作用。

进一步明确运营业务创新方向[*]

创新是一个企业持续发展的不竭动力，也是保持品牌优势的活力源泉。当前，境外投资机构瞄准我国市场纷纷抢滩登陆，同时国内投资公司、产业集团、金融机构也在加大产融结合布局，一定意义上对运营公司发展空间造成了"双重挤压"。我们唯有依靠持续创新，练就更多"独门绝技"，才能继续保持运营试点的先发优势。

要围绕市场、企业和政策环境推动创新。公司发展由小到大，五个运营业务板块从无到有，在很大程度上源于这几年重视从市场需求出发，把准深化国企改革的时代脉搏，抓住关键的政策契机。要继续树立以市场为导向、企业为中心、政策为牵引的理念，不断激发公司创新动力活力。增强市场敏锐度，坚持紧盯市场、贴近市场，保持足够的市场"狼性"。跟进后疫情时代产业结构调整变化趋势，紧紧围绕科技创新"补短板"、突破"卡脖子"环节，大力开发投资一批"价值洼地"优质项目。加强投后专业赋能，聚焦行业细分领域精耕细作，培育孵化更多专精特新的隐形冠军、

---

[*] 此文节选自 2020 年 7 月公司年中工作会上的讲话。

高成长性的瞪羚企业和特色鲜明的头部企业。要更好把握央企需求变化，紧盯企业高质量发展的"痛点""难点"，积极创新金融服务业务模式，不断增强公司资本运营"供给"能力。切实提升政策把握能力，及时跟进新形势下国家战略部署和各类政策走向，善于在对接政策落地中找到试点运营的结合点和发力点。重点围绕"两新一重"建设，积极推进设立新兴产业投资基金，以市场化方式引导带动更多社会资本，参与支持新型基础设施建设和相关产业发展，既有效拓展资本运营业务布局，又有力展现试点央企担当作为。

要围绕业务升级、板块协同推动创新。当前，适应以"云大物移智"等为代表的新一代信息技术飞速发展需要，必须将大力提高"数字化""智能化"水平作为增强公司核心竞争力的关键抓手之一。要高度重视业务升级中的"数智化"创新。重点完善公司数据治理、聚合数据资源、用好数据资产，在依法合规前提下，尝试构筑统一的客户数据体系。要高度重视在"企票通"基础上的央企票据交易平台创新研究。探索应用互联网、大数据、云计算和区块链等新兴技术，通过运营公司金融科技、金融服务进行"赋能"，在"业务数字化、运营线上化、管控智能化"上更好发挥运营公司作用。要高度重视五个运营业务板块的协同创新。发挥五个板块综合运营优势，拓展业务协同的广度和深度，围绕打造开放式投资生态圈，打通五个板块协同链，以供应链金融服务为切入点，逐步实现资金融通、资信评级、票据流转等业务线上集成、组合营销、综合服务，有效延伸业务价值链。要高度重视投后赋能的管理创新。加快建立统一协同的组织体系和业务流程，优化相关机构职能，压紧压实工作责任。深入落实"分类、精准、靠前、跟踪"四项赋能要求，有针对性地打造一批务实管用的赋能工具。

要围绕培育差异化竞争优势推动创新。全系统都不能满足于在同行中暂时领跑，公司各板块要按照"人无我有、人有我优、人优我特、人特我转"的差异化竞争思路，深入分析自己的差异化核心竞争能力究竟在哪里、是否真正具备、应该怎样培育和强化？要重点推进基金板块持续加强"募投管退"全流程管理，抓好各项制度指引的有效实施。要重点推进"金融2.0"创新升级，完善保理租赁产品服务，加强"企票通"推广应用，做好央企信用保障基金专业管理，提升债券信用评级能力、拓展大公国际市场空间。要重点推进股权运作业务模式的创新优化，探索建立央企上市公司市值管理长效机制，夯实专业支撑体系，完善风控工作流程，协同央企加强市值管理、提升发展质量，更好发挥在助力央企对接资本市场方面的独特作用。要重点推进运营公司特色资产管理的创新破题，尽快在参与央企"两非"剥离、"两资"处置的路径方式上实现落地，在盘活存量上取得进展。

强化"五个促进"，助力构建新发展格局*

构建新发展格局要求实现经济循环流转和产业关联畅通，这与运营公司促进国有资本合理流动、布局优化的功能定位高度契合。下一步，要聚焦"五个促进"，充分发挥运营公司功能作用。

一是促进科技资源、产业资源加速融合，为推动实现科技自立自强贡献力量。要充分发挥运营公司资本纽带作用，加快推动科技资源和产业资源深度融合。推动投资生态圈企业将 5G、大数据、人工智能等对接运用到实体产业。通过股权投资、业务合作等方式，支持央企打造关键技术自主创新的"核心圈"，构筑技术和产业的"朋友圈"，促进新技术产业化规模化应用。充分发挥基金投资优势，进一步加大科技创新投资力度，深入挖掘一批产业关键技术、前沿引领技术和应用基础技术项目，更好助力解决"卡脖子"问题。

二是促进传统产业、新兴产业统筹发展，为增强产业链供应链自主可控能力贡献力量。要统筹好传统产业和战略性新兴产业发展，加强与产业集团、投资公司的协同合作，精

---

* 此文节选自 2021 年 1 月公司全年工作会上的讲话。

准增加产业基础再造、同类资源整合的投资供给，支持实体企业锻造长板。要择机在新兴产业投资少数具有战略意义的关键项目，支持孵化一批专精特新冠军企业，助力加快补齐短板。利用市场化债转股等方式，有效支持制造业企业的设备更新、技术改造和转型升级，推进产业基础高级化。

三是促进国内市场、国际市场更好对接，为畅通国内国际双循环贡献力量。要通过公司境外投资平台，在推动双循环、支持中国企业高水平"走出去"和高质量"引进来"中发挥更大作用。以"一带一路"项目建设为重点，助力央企深化国际产能合作，带动中国装备制造、技术、标准和服务更好"走出去"。探索以市场化方式推动引进有关核心技术和先进产能，增强国内国际经济联动效应。

四是促进国有资本、社会资本共同发展，为发挥国有经济战略支撑作用贡献力量。要更加高效汇聚、带动各类社会资本，服务国家战略、推动国资国企改革发展。运用资产证券化等手段，加快国有资本形态转化，带动更多社会资本投向战略性新兴产业。加强持有央企上市公司股份运作，协同提高上市公司质量。利用资信评级、债券增信等运营工具，助力央企降低融资成本、提高直接融资比重。要注重发挥财务性持股为主的特点，加强与非国有企业的股权融合和业务合作，进一步放大国有资本功能。

五是促进中央企业资源整合、协同合作，为推动落实国企改革三年行动贡献力量。要利用运营公司作为平台型企业优势，在配合央企调整优化国有资本布局结构上发挥特殊功能。抓住"两非两资"剥离处置的契机，加快与产业央企探索创新合作模式，坚持以特色化专业化资产管理，助力央企盘活存量资产、突出实业主业。以市场化方式积极参与央企股权多元化改革、混合所有制改革、战略性重组和专业化整合，支持央企通过产业并购等途径提高市场集中度、增强产业竞争力。

要全力以赴保增长 *

发展是解决一切问题的总钥匙。公司贯彻稳中求进工作总基调，不是简单要求速度慢一点、步子小一点，而是要用发展的办法解决发展中的问题，让"稳"的基础更加坚实，"进"的态势持续增强。

一是继续突破业务增长难点。确保现有业务保持良好增长势头，维护好公司发展基本盘。基金投资板块要聚焦"募资"和"退出"两个重点，把握节奏、合理稳健争取项目退出收益。金融服务板块要持续创新产品服务，巩固保理、租赁行业头部地位；推动大公国际加强监管沟通，不断提升业务质量；要抓紧梳理优化"企票通"业务模式，坚持开票条件，促进商业票据应用。资产管理板块要完善"双平台"模式，稳步推动划入的"两非"资产出清。股权运作板块要完善积极股东模式，在助力提升央企上市公司治理水平和价值创造能力上发挥更大作用。境外投资板块要择机扩大央企客户覆盖面，加大优质项目开发力度。直接投资板块既要落实好国资委推动央企改革的重点部署，又要坚持市场化专业

---

* 此文节选自 2022 年 1 月公司全年工作会上的讲话。

化推进，提升国有资本运营能力和水平。

二是继续拓展新的运营业务。积极推动业务开拓创新，努力培育新的增长点。随着公司核心金融牌照获取工作有序推进，我们将迎来证券业务板块的拓展契机。要在前期认真做好尽职调查、摸清风险底数的基础上，及时组建管理机构，研究制定整合方案，稳妥接收业务资源，使之尽快融入国有资本运营全局。要抓紧履行报批程序，全力推动新基金设立运作，探索开展央企投行等新业务，进一步丰富服务央企的功能方式。要采取切实措施，支持已投的实体子企业在职业教育、医疗健康大数据等赛道跑出商业模式，形成新的专业实力和效益来源。

三是继续稳固优化效益增长结构。按照"现金收益稳、参股收益优、估值收益压"的思路，加快推动形成公司三类收益"4∶4∶2"的稳固结构。基金投资要在"准"上用功，切实提升专业能力、选准投好做精项目，从源头上把好"三关"，力争减少投后负偏离，实现"看得懂、选得准、投得进、退得出"，夯实估值收益业务支撑。股权投资要在"优"上用功，把握投资节奏，坚持合理对价，通过市场化、专业化运作，重点持有符合战略方向、可交易、可变现的优质资产，努力保持好流动性；对于承担的重大交办任务，也要积极争取提高现金分红比例，尽力覆盖资金成本，不断提升参股收益质量。债权投资要在"保"上用功，切实强化风险保障措施，合理采取信用评估、资产抵押等办法，平衡好收益率和收益额的辩证关系，力争贡献更多现金收益，确保不发生实质性违约。

四是继续坚持勤俭办企降本增效。统筹优化资源配置，优先保障投向战略意义大、投入产出高、带动效应好的业务，积极创造条件，下决心、下力气压减收益率低于资金成本的业务规模，确保"好钢用在刀刃上"。要努力降低融资成本，积极探索资本补充机制，科学运用多元融资方式，持续改善债务期限和结构。要坚决控制成本支出，严格规范采购管理制度，在央企范围内多方比价询价，精打细算、量入为出，确保采购价格明显低于市场平均水平。

更好发挥运营公司功能作用[*]

公司"十四五"规划明确提出，要努力建设成为一家更加领先的运营公司、更有分量的中央企业、更为专业的投资机构。其中，最为关键的是"更有分量"，分量重才能走得稳。我们要进一步落实党和国家战略部署以及国资委工作要求，努力在发挥运营公司功能作用上下更大功夫。

一是更大力度支持科技自立自强。关键核心技术"卡脖子"，仍是制约中央企业高质量发展的突出问题。运营公司虽然不直接参与技术创新，但要积极发挥平台作用，着力推动创新链和产业链更好对接。要采取切实有效措施，加强与原创技术策源地央企、产业链链长央企的深度合作，共同推动国有资本、带动社会资本更多投向实体经济，支持高端装备、新一代信息技术、新材料等关键产业发展。要鼓励公司相关业务板块在科技投资中更好发挥培育孵化作用，助力打造一批科技领军企业、专精特新企业和单项冠军企业。要持续推动所投企业在大数据、区块链、人工

---

[*] 此文节选自 2022 年 1 月公司全年工作会上的讲话。

智能等领域，与产业央企更好对接合作，促进技术与产业在产学研用各方面融合。

二是更大力度助推国企深化改革。运营公司在深化国企改革中承担重要功能、扮演关键角色。要坚定配合落实国资委相关改革部署，以市场化方式继续参与跨行业跨领域跨企业的战略性重组和专业化整合，推进国有资本布局结构调整优化。要发挥好专项基金作用，在助力做精做深"双百行动""科改示范行动"中创新丰富改革工具箱。要依托"区域综改试验"基金群，释放国有资本运营专业优势与地方资源禀赋的融合效应，加快形成一批质量好、叫得响的重点、亮点项目，为地方国企改革注入新活力。

三是更大力度参与"一带一路"共建。按照统筹考虑构建新发展格局和共建"一带一路"的工作要求，系统梳理境外投资项目的运营情况和风险状况。要协同产业实体企业在海外优化布局，扩大海外优质资源权益，进一步提升对外投资专业能力。要稳步拓展沿线港口等领域的投资，支持布局国际物流重要点，助力构建高效安全的物流运输通道，为畅通国内国际双循环提供更多支撑。

四是更大力度促进落实"双碳"目标。要认真落实中央企业"双碳"工作指导意见，找准选好运营公司业务切入点，进一步在绿色低碳产业发展、清洁技术创新等领域加大投资力度。要持续丰富绿色金融产品供给，把落实"双碳"

目标、绿色发展融入运营业务。要立足以煤为主的基本国情，正确理解技术价值最大化，在积极助力新能源等战略性新兴产业发展的同时，关注传统产业科技创新、转型升级，支持节能降碳。

大力提升运营公司核心竞争力[*]

党的二十大报告明确提出，推动国有资本和国有企业做强做优做大，提升企业核心竞争力。2022 年中央经济工作会议进一步强调，要深化国资国企改革，提高国企核心竞争力。我们学习理解，在当前形势下强调提升国企核心竞争力，是要求国企在关键核心技术"卡脖子"环节的突破上有更大作为，在产业链供应链的自主可控上主动担当，在市场竞争中更好发挥国有经济战略支撑作用，积极推动构建新发展格局。结合公司实际，应当重点从以下三个方面抓好贯彻落实。

一、要围绕使命担当把握其战略方向

国有资本运营公司是这一轮国资国企改革的产物。提升核心竞争力，要把握运营公司功能作用这个出发点和落脚点。近年来，公司坚持以服务央企为本位，与产业央企开展了广泛深入合作，夯实了发展"基本盘"，但从各业务板块具体情况看，功能作用发挥还不尽充分、不尽到位。

---

* 此文节选自 2023 年 1 月公司全年工作会上的讲话。

下一步提升运营公司核心竞争力，应当聚焦振兴实体经济的使命担当，立足功能定位不断取得新的突破。要在实体产业投资上更好发挥引领作用，汇聚带动更多社会资本进入实体产业，支持产业央企锻造国家战略科技力量，加快稳链补链固链强链。要在布局优化结构调整上更好发挥推动作用，着力引导国有资本向重要行业和关键领域集中，支持培育壮大战略性新兴产业、助力传统产业改造升级。要在国资国企改革上更好发挥支持作用，多方位服务央企完善治理结构、加速重组整合、防范化解风险。要在对接资本市场上更好发挥纽带作用，畅通实体产业与资本市场连接渠道，进一步推动国有资本、社会资本融合共进。

二、要着眼未来发展把握其内在要求

提升运营公司核心竞争力，必须认真贯彻"推动经济实现质的有效提升和量的合理增长"要求。从量变到质变，既体现了经济发展的辩证关系，也体现了企业发展的客观规律。企业经营只有"量"大"质"优，才有行业地位和核心竞争力。公司七年试点虽然在"量"与"质"上都实现了跨越，但应当看到当前面临的挑战越来越突出。从"量"上分析，公司合并资产负债率上升，资产规模增长约束明显加大；近两年基金投资、股权运作、境外投资等板块受各种因素影响整体增速趋缓，通过内生式增长提升效益日趋紧迫。从"质"上分析，尽管公司整体投入产出效率逐年提高，但是不同运营业务板块之间、运营业务板块和实体经营板块之间的负债规模、收益水平差异较大，有的板块效益贡献和资源投入还不尽匹配。

下一步提升运营公司核心竞争力，应当科学把握"质的有效提升"和"量的合理增长"的辩证关系，超前布局，推动公司发展速度平稳换挡，效率效益持续提升。要进一步激发各业务板块的创新活力、内生动力，加快培育新的业务"增长点"和"驱动力"，找到未来发展的"第二曲线"，保持"量的合理增长"。要深入破解业务发展需求不断增长和资源相对有限的矛盾，统筹运营业务，实现均衡发展，努力形成更高质量的投入产出关系，持续推动"质的有效提升"。要在量变到质变的发展过程中紧盯风险变数，更加注重风险和收益的转换关系，更好发挥公司创设的"国有资本运营指数"作用，密切跟踪我们运营实力、效率、安全、潜力的变化趋势，不断健全完善适应国有资本运营特点的风险防范机制。

三、要立足实践基础把握其重点任务

近年来，公司竞争优势逐步显现，品牌影响力显著提升，但是用一流企业标准来衡量，仍然存在一些突出短板。比如，公司现有业务板块持续发展挑战明显增大，公司人才

队伍结构与效率问题显现，全系统治理管控漏洞隐患仍然屡察屡现。

下一步提升运营公司核心竞争力，应当坚持问题导向，加快提高运营能力和水平。要着力提升规律把握能力，自觉运用市场规律、资本规律、企业规律推进各项运营业务，突破"难点、痛点、堵点"，塑造公司差异化运营的"独门绝技"，奠定市场竞争优势，争取行业领先地位。要着力提升专业支撑能力，牢固树立"专业至上"的经营导向，夯实人力资本质量，进一步落实关键岗位专业责任，强化重大决策专业科学判断。要着力提升依法治企能力，加快推进"法治央企"建设，构建形成覆盖国有资本运营全流程的制度体系和规范机制。

实践表明，一个真正拥有核心竞争力的企业，才有能力跨越经济周期实现可持续发展，才有资格成为世界一流企业！我们必须深刻领会党中央关于提升国企核心竞争力的明确要求，注意区别运营公司与投资公司、产业集团的不同特点，在新起点上牢牢扎根实体经济，紧紧围绕运营公司功能定位，进一步提高运营效率效益和品牌影响力，继续抢占市场竞争先机，努力在两类公司持续深化改革中不断领跑。

努力构建"7＋3＋1"运营业务新格局*

提升企业核心竞争力与业务布局直接相关。公司过去几年的跨越式发展，是在打造"5＋1"业务格局过程中实现的。从现在起，要通过进一步构建"7＋3＋1"新的业务格局，为公司增强综合性运营优势、开拓新的增长点创造更加有利的条件。

要围绕丰富完善国有资本"持有、转换、流动、注资"新方式，进一步增强七个业务板块功能。主要包括：坚定推进前中后台一体化改革的基金板块，深入构建完善央企产业链综合金融服务生态圈的金融板块，加快打造存量资产盘活特色模式的资产板块，不断优化运作体系、提高回报的股权运作板块，稳定保持合理投资规模的境外投资板块，持续提升市场化运作能力的直接投资板块，推动二次创业走深走实的证券板块。

要结合现有业务条件，主动培育孵化，在公司已经涉足的三个产业领域探索打造新的增长点。具体包括：以ESG业务为切入点的咨询服务产业、以医疗健康大数据和数字化建

---

* 此文节选自2023年1月公司全年工作会上的讲话。

设为切入点的数字化产业、以中国文化产业发展集团三个业务板块为基础的文化教育产业。要在坚持轻资产运营模式的同时，不断拓展公司投资运营的新赛道。要以"客户关系管理"为主线，健全业务协同机制，打造高效管用"协同网络"，更大范围促进国有资本跨企业、全市场流动。

此外，要一如既往打造好一个平台，不断完善央企专职外部董事的服务保障，全力做好特殊平台的各项工作，继续发挥其在新业务格局中的特殊重要作用。

加快提升运营公司支持产业培育的实力[*]

经过近几年的不懈努力，公司初步形成"7＋3＋1"的业务格局，并在此过程中培育了一批国有资本运营领域的头部企业，有效支撑了功能作用的发挥。

目前，公司各业务板块都呈现出良好发展态势。基金投资板块积极发挥契合创新驱动发展的特殊优势，成为布局战略性新兴产业的重要力量；金融服务板块，保理公司成为国内首家"千亿央企保理公司"、租赁公司人均资产和利润在行业中位列全国之首，并牵头建设了中央企业保理、租赁生态圈；股权运作板块适应市场震动变化，及时调整转变运作模式，持续跑赢相关指数，并在助力提升央企上市公司质量上发挥了积极作用；资产管理板块通过多种形式，有力支持了央企"两非"资产剥离处置、聚焦主责主业；境外投资板块面对严峻环境不仅保持了业绩稳定，而且在助力央企参与共建"一带一路"中发挥了积极作用；直接投资板块在参与央企股权多元化改革、战略性重组、专业化整合中当好"关键少数"，成为公司业绩稳定增长的"压舱石"；证券板块实现了监管评级的有效突破，也正在积极融入服务央企改革

---

[*] 此文节选自 2023 年 1 月公司全年工作会上的讲话。

创新发展的国有资本运营事业。此外，国新健康"医保卡位、医疗增收、医药支撑"的战略路径不断清晰，步入了良性发展轨道；大公国际成功克服诉讼困扰，实现复业经营、评级业务拓展创造新高。可以说，公司资本运营实力已经得到了显著提升。

"十四五"时期，要打造具有全球竞争力的一流的综合性国有资本运营公司。其中的"综合性"，不能满足于以前讲的"三大"，即"各个板块业务大协同、境内境外运营大布局、财务性投资为主和战略性项目培育孵化大统筹"。从运营公司定位使命上看，我们虽然以国有资本运营为主责主业，但与国资委监管的其他央企一样，也承担助力产业发展的责任使命。要通过运营公司功能作用发挥，促进传统产业转型升级、拓展布局战略性新兴产业、提前谋划未来产业。因此，如果公司仅仅具备资本运营实力，而缺乏足够的支持产业培育的实力，显然不适应未来发展要求。加快提升支持产业培育的实力，既是当前公司按照培育孵化功能要求、弥补运营能力不足的客观需要，也是未来我们克服业务短板、突破发展瓶颈的必然选择。

下一步，要赋予"综合性"新的内涵，探索实现资本运营实力和支持产业培育能力的协调发展，在继续巩固提升公司资本运营实力的同时，深入探索存量资产盘活，加快总结产业运营经验、培育专业人才团队、不断积累产业资源。要切实加强产业研究。结合公司新型智库建设，增强投研驱动能力，有效聚合基金投资、股权运作、证券、咨询等业务板块的研究资源，切实加强"9＋6"战略性新兴产业和未来产业的研究，结合运营业务形成自身优势。要有效凝聚各板块的合力。资产管理板块要紧紧围绕存量资产盘活的主责主业，以"两非两资"处置为主、兼顾经营效益，加快增强核心功能；基金投资板块要着力强化培育孵化功能，结合运作中央企业战略性新兴产业发展基金，探索打造战略性新兴产业孵化器，当好"长期资本""耐心资本""战略资本"，努力培育更多创新型国企、助力打造原创技术策源地；直接投资板块要以加强"两股（股东、股权）"事务管理为切入点，及时跟踪产业央企经营情况，学习借鉴产业管理经验；大公国际、咨询板块要在提供评级、咨询服务过程中积极观察、总结产业发展和运营规律，为运营公司发挥产业培育作用提供支持。要加快积累充实资源。聚焦公司具备一定基础条件、产业资源的战略性新兴产业方向，充实丰富人才资源，靶向引入一批懂产业、会经营的优秀骨干人才，探索在基金投资、资产管理等板块组建专业团队。逐步构建完善战略性项目、央企存量资产的经营管理机制，推动公司所投项目积极融入央企产业链、创新链、供应链、服务链，建立健全"资本、产业、技术、生态、改革"多层次赋能体系，在实践中逐步积累产业发展资源，努力提升运营公司支持产业培育的实力。

四　运营风险识别与防控

　　面对新的形势发展变化，要坚持稳中求进，努力保持来之不易的良好发展势头。现阶段强调"稳"，不是保业守成，不是止步不前，更不是无所事事。而是要通过"稳"，把过快的增长速度降下来，把投资节奏调整好，稳中提质继续前行；要通过"稳"，把公司的短板补起来，把漏洞堵起来，把隐患消除掉，夯实基础继续前行。

抓好"十严查"，将全面风险排查做实做细做到位*

面对新的形势发展变化，要坚持稳中求进，努力保持来之不易的良好发展势头。现阶段公司强调"稳"，不是保业守成，不是止步不前，更不是无所事事。而是要通过"稳"，把过快的增长速度降下来，把投资节奏调整好，稳中提质继续前行；要通过"稳"，把公司的短板补起来，把漏洞堵起来，把隐患消除掉，夯实基础继续前行。

要高度重视并扎实开展公司系统全面风险排查，聚焦项目和资金，围绕平台组建、运行机制、重点项目的投资、投后等关键环节，不走过场，不搞形式主义，切实抓好"十严查"：一查基金投资项目进展和资金投向、金额是否符合协议约定；二查项目推进过程中监管责任是否明确，有无责任人、有无定期监管情况报告；三查已交割项目是否取得实质进展，产业化要求是否能按期落地；四查项目推进过程中是否存在资金缺口，有无异常情况；五查投资子基金运作，包括子基金募资是否到位，子基金投资项目标的是否清晰，项目推进有无隐患；六查金融板块业务开展范围，以及与不同

---

* 此文节选自2018年7月公司年中工作会和2019年1月全年工作会上的讲话。

层级的央企子企业合作情况；七查公司各级企业债务风险和
资金活动风险，有没有建立资本结构和资金成本动态监控，
是否存在投融资期限错配，投资标的能不能产生覆盖本息的
现金流；八查公司各级企业作为第一大股东但未控股的各类
专业平台公司是否有效管控，治理结构是否规范，产品是否
合规，业务是否存在潜在风险；九查公司各级企业有关风险
管理责任体系是否建立，制度执行是否到位；十查各单位是
否按照要求制定全面风险排查方案，以及方案是否可操作、
可落地等。

全系统一定要把这项工作做实做细做到位。要针对风险
排查发现的各类风险隐患，结合审计、巡视发现的问题，深
入剖析相关案例，总结查找背后的原因。

要坚持问题导向，针对风险排查暴露出的制度建设不健
全，或者有制度不执行、执行不到位的问题；对部分所投项
目的管控力度不够，股东利益难以得到保护的问题；选择合
资合作对象的标准不高，有关尽职调查不全面和不深入的问
题；业务开展不规范，导致维权困难的问题等，明确整改的
责任部门和负责人，确保整改到位。要切实增强解决这些问
题的紧迫感，加快根治重大风险发生的"土壤"。针对存在
的一些共性问题和不足，制定防范措施，建立长效机制。要
从具体案例入手，一个环节一个环节地剖析，一个原因一个
原因地梳理查找，不整改到位决不罢休。

深入开展"风控深化行动"*

当前，公司防范化解重大风险的工作重点正在从应急处置向主动防范转变，从专项整改向系统应对转变，从重点突破向全面提升转变。开展"风控深化行动"，要着力在持续深化上下功夫：

一要持续深化重大风险隐患整改工作。紧紧盯住重大隐患，不整改到位决不收兵。截至目前，公司全面风险排查发现问题，整改工作初见成效，但任务依然艰巨。要站在贯彻落实中央有关防范化解重大风险决策部署的政治高度，采取有力有效措施推动整改。要坚持分类施策，紧盯根本问题、关键环节，狠抓整改落实。区分不同情况，对于因政策限制或政府监管等客观原因短时间内无法完成整改的，要关注政策走向，加强与监管部门的沟通汇报，积极争取政策支持，尽快完成整改。对于已经整改的问题，要时刻保持警惕，克服过关思想，不放松、不懈怠，防止"旧病复发"。要通过一月一通报、半年一总结、一年一回顾，全面、持续、深入推进整改工作，切实做到"真整改、改彻底、改到位"。

---

* 此文节选自 2019 年 3 月公司法治工作会上的讲话。

2019 年四季度公司将组织开展风险排查整改工作"回头看"，总结解决了哪些问题、还存在哪些疑难杂症、是否产生了新的问题，形成风险排查、整改落实、巩固提高的长效机制。

二要持续深化完善风险防范措施。加强风险识别，综合运用不同识别方法，定期对公司进行"体检"，查找风险隐患，建立风险事件库，加强风险的分析和评估；落实风险管理报告，在年度全面风险管理报告的基础上，建立重大风险事前报告制度；重视风险防控协同，明确划分总部与所属企业职责权限，加强协同，实现风险管理信息互通互享，防控方案协同制定，防控措施协调推进；抓好风险解决方案的执行，增强方案的可行性，明确执行标准，加强监督评价，确保解决方案落地。

三要持续深化投资风险防范要求。目前公司投资驱动的特点比较明显，面临的主要风险之一就是投资风险。为此，要把好投资方向关。坚决执行"四不投"，严格做到"五个守住"，除了支持中央企业深化改革和"走出去"外，公司投资重点要向符合"轻资产"特点的高新技术产业和新产业新业态领域倾斜，向符合国家战略的战略性新兴产业领域倾斜，向"卡脖子"环节具有关键核心技术的项目倾斜，着力提高投资质量。要明确公司各只基金投资边界和重点，合理把控投资节奏，避免盲目投资。既要善于投资一些创新亮点项目，又要注意投出一些行业地位突出、经营业绩较好、业务发展稳定、前景可期的"压舱石"项目，以此优化投资组合和资产配置，巩固好公司发展基础。要把好投资审查关。项目尽调一定要做实、做深、做细，全面、客观、真实反映企业情况；要审慎做好投资收益预测，真实反映投资价值；要严格程序规范，加强法律合规审核，越是紧急重大的项目，越要注意不违反论证程序，切实做好风险防范。要把好投后管理关。坚持"三分投、七分管"，不断完善投后管理制度体系和机制流程，加强投前、投后协同，完善投资后评价机制，制订实施更加切实可行的投后管理提升计划，尽快建立专业化投后赋能平台，大力提升投后管理能力。

四要持续深化财务风险和合规风险防范措施。开展国有资本运营，财务风险和合规风险也是必须有效防控的重大风险。财务风险主要集中在目前公司的财务结构是否合理，表现为债务风险、流动性风险等。要严控债务规模，合理控制杠杆率，提高直接融资比例，有效盘活上市公司股份，不断优化资本结构。要优化债务结构，做好债务结构、期限、比重的合理匹配，合理安排长短期债券比重，严防投融资期限错配，统筹平衡资金余额和融资规模。要加强流动性管理，审慎进入"重资产"特征比较明显的行业，拓宽利润来源，做好"两金"压控，加快资金周转，保证现金流充沛，提升偿债能力。要坚持每月报告财务状况，做到心中有数，重大问题及时发现、及时解决。防范合规风险是建立符合运营公司特点的管理体系的必然要求。随着公司规模的迅速扩大，对全系统的运作和管理越来越需要健全完善制度并有效执行。要加快合规管理体系建设，按照国资委有关工作要求，探索建立以合规运营为核心，以授权管理体系、法律审核体系为重点，以事前防范、事中控制、事后监督为手段的合规管理体系。要重视违规责任追究，切实增强制度的执行力，坚决维护制度的严肃性和权威性，及时纠正有令不行、有禁不止的行为，不留暗门、不开天窗，使制度成为硬约束而不是"橡皮筋"。要加强境外投资合规运营，加强境外投资政策、投资环境及投资风险分析，着重在国家安全审查、反垄断调查、知识产权保护等方面下足功夫，提前制定应对预案，保证境外投资依法合规。

五要持续深化风险防控机制建设。进一步完善风险防控组织体系。切实发挥风险防范"三道防线"的合力，有效落实风险管理责任。加快打造一体化的风险管理职能部门，统筹法律、合规、风险、内控四项管理职能。所属企业要尽快补齐机构短板，优化职能配置，提高效率效能，增强与总部的协同，共同做好风险防范。要尽快补足风险管理人才缺口，持续提升业务能力，为做好风险防范夯实人才基础。要持续加强总法律顾问制度和首席风险官制度建设，尽快实行总法律顾问和首席风险官"一肩挑"，并逐步实现专职化。

充分发挥总法律顾问和首席风险官风险把控和决策参谋职能，已配备总法律顾问或首席风险官的企业，研究决策重大经营管理事项，总法律顾问或首席风险官必须出具审核意见。要加快风险管理信息系统建设，总部与所属企业一盘棋，一体考虑，一体建设，一体运行，执行一套体系，遵循一个标准，形成一个整体。公司全系统要贯穿风险管理全流程，实现风险防控全覆盖、无死角，保证各类风险可控、在控、能控，不断提升公司风险防控水平。

正视公司资本运营涉及的几个基础性问题[*]

国内外一些综合性金融集团从初创阶段走向成熟阶段，从外延式发展走向内涵式发展，往往会经历一个比较艰难的成长平台期。目前，公司可能也正在逐步进入这样一个阶段，制约深入推进国有资本运营的基础性问题正在凸显，很可能演变成重大风险。概括起来看，主要包括：

运营业务模式尚未成熟的问题。公司五大业务板块发展基础、业务实力还不尽平衡，一定程度存在"长短腿"问题。具体而言，基金板块运作规模虽大，但基金"前半程"尚未跑完，并没有真正经历"募投管退"的全周期考验。金融服务板块近年来保持了稳健增长，但是随着外部市场压力加大，如何运用金融科技创新产品服务、获取金融核心牌照、开拓票据流通及资信评级市场，还需要在实践中继续探索。资产管理板块刚刚起步，如何抓住央企改革脱困、主辅分离、专业化整合等契机，盘活资产、提升价值，形成区别于传统不良资产管理、具有运营公司特色的资产管理模式，需要加快破题。股权运作板块尽管运作的相对收益显著增

---

* 此文节选自 2020 年 1 月公司全年工作会上的讲话。

长，但运作规模还存在一定限制，运作空间受资本市场区间震荡影响较大。境外投资板块虽然经营业绩保持稳定增长，但在新形势下也面临转型发展的新挑战。

运营发展结构不尽合理的问题。虽然今年利润总额和净利润突破了百亿元大关，但公司发展结构呈现"两低一高"现象，即净资产收益率低、可支配收益低、资金成本负担高。从投入产出看，目前公司净资产收益率同标杆企业相比还有差距，我们撬动资本、配置资源的效率还有较大提升空间。从收益结构看，公司合并报表利润总额中真正可以自主支配的现金收益占比还不高，而且净利润中归属母公司的占比也不到一半，总部能够运用的现金收益比较有限。从资金成本看，我们新增投资导致有息负债增长，其中公司总部承担了相当大的资金成本，我们所面临越来越大的债务压力和现金流风险不容忽视。

运营体系需要加快完善的问题。按照治理体系和治理能力现代化的要求，公司管理体系建设仍然滞后于各项业务的快速发展。部分板块公司的管理基础还比较薄弱，公司总部和业务板块之间如何更好地处理统一管控和因企施策、正向激励和规范约束、严格追责和容错纠错等关系，需要在实践中进一步磨合。各个板块、各只基金、所投项目之间的"大协同"还没有实质性突破，缺乏相应的协同指引和协同平台，生态圈的优势未能有效发挥。基金业务"重投、轻管、不言退"的现象虽然得到一定程度纠正，但投后赋能、项目退出依然是短板，"五个捆绑"机制还需要结合实际加快优化落地。高端人才尤其是已投战略项目涉及的产业人才、管理人才比较缺乏，项目价值发现能力、投后管理能力还亟待提升。公司个别项目重大风险隐患没有完全消除，一些新的风险因素也需要重视应对，等等。应该说，有效解决这些基础性问题，是化解重大风险隐患、顺利渡过公司成长平台期的关键所在。

始终坚守资本运营的风险底线*

基础不牢，地动山摇。公司要坚持把防范化解重大风险摆到和推动业务发展同等重要的位置，坚决守住国有资本运营的风险底线。

一是牢固树立正确业绩观。近几年，通过公司全系统共同努力，"五个守住""四不投"等理念逐步深入人心，投资决策机制不断规范，投资风险得到有效控制，投资回报水平明显提升。但最近一个时期，公司经营风险有所抬头，需要引起大家高度警惕。公司经营风险一旦发生，既造成国有资产损失，又直接加大自身的现金流压力，更严重影响队伍士气。深入分析个别经营风险事件发现，风险发生的主要原因，是个别企业负责同志业绩观出现了问题。因此，必须进一步强调，公司各业务板块、各子公司决不能为了比拼业绩或者一味追求业绩目标，而忽视风险防范，忘记规矩约束，更不允许草率决策、违规决策。公司各级领导干部一定要从维护国有资本安全的极端重要性出发，树立正确业绩观，沉下心来按规律办事，重实绩、防虚功，谨防为眼前效益增长

---

* 此文节选自 2021 年 1 月公司全年工作会上的讲话。

而为今后经营埋下隐患，确保每一笔业务、每一项经营成果都经得起市场考验和监督检验。

二是切实增强制度执行力。制度既是治理基础，也是规范保障。要认真组织开展公司全级次排险控险专项行动，持续补齐制度短板，堵住流程漏洞。公司财务、法律、审计等系统，要聚焦资金密集领域、风险高发业务、重点关注子企业，加强制度执行的"穿透式"监督。要严格落实违规经营投资责任追究实施办法，对违反规定、不执行制度、不履行职责，造成国有资产损失或其他严重不良后果的，必须严厉追责问责。对于公司党委反复强调的问题置若罔闻、一意孤行、引发风险的，必须零容忍、动真格，不能轻易放过。

三是扎实抓好重点风险防控。要继续完善投资风险防范机制，合理优化决策权限，规范尽职调查工作，加强投后定期复盘，在投资项目评判中牢牢把好关口。要更加重视防范财务风险，坚决控制负债规模过快增长，强化融资担保等隐性负债管理，确保负债水平保持在合理范围。要健全司库管理体系，加强资金筹集、计划、使用、控制等全过程管理，提高资金使用效率效益。要将项目有效退出作为检验轻资产运营模式的一个关键环节，在退出过程中高度关注收益回流和利润分配，确保现金收支平衡，形成现金流良性循环。此外，全系统各单位还要慎终如始从严从细落实各项疫情防控措施，严防出现聚集性疫情。

四是重视培育企业合规文化。2021 年是中央企业"合规管理强化年"。公司全系统要按照国资委工作要求，突出市场交易、安全环保、劳动用工、财务税收、知识产权等重点，切实强化合规意识、健全组织体系、完善管理机制。牢固树立"决策先问法、违法不决策""守法诚信是第一生命、违法经营是最大风险"等合规理念，使依法合规、守法诚信成为全体员工的自觉行为和基本准则。

现阶段公司仍处在投资驱动发展的过程中，一定意义上讲，运营业务推进"成也投资、败也投资"，选准投好项目是实现公司可持续发展的重中之重。决不能对投资项目、关键核心业务面临的问题消极应对、顺其自然，幻想"车到山前必有路、船到桥头自然直"；决不能为了一时业绩增长或争抢热门项目，而忽视潜在风险、放松审查要求。要始终拴牢依法合规"压舱石"，认真开展合规管理体系有效性评价，抓紧推广法律合规风控信息系统，逐步构建具有运营公司特色的合规管理体系。要强化对功能布局、市场募资、投后赋能、项目退出等重点环节管控，规范尽职调查工作，加强投后定期复盘，继续完善投资风险防范机制。要切实加大违规追责工作力度，加强与财务监督、投资管理等工作的协同联动，从严从实做好审计成果运用，严格防止"问题企业改、责任无人担"现象。

准确把握当前公司发展面临的突出矛盾*

中央经济工作会议深入分析国内外环境的深刻变化，强调 2022 年经济工作要稳字当头、稳中求进。中央企业负责人会议强调，中央企业要把稳定宏观经济大盘作为一项政治责任，努力做到企业运行稳、畅通循环稳、保障民生稳。为贯彻落实好这些要求，实现稳中求进，需要先分析把握公司内外部形势。

从公司外部看，市场运行的阶段性变化和结构性特征更为明显，一些强势板块流动性虹吸效应有所加剧，个别行业泡沫化苗头开始显现。实体困难与虚拟风险相互叠加，违约主体已经延伸到一些存量负债较多的大中型企业，风险处于高位。私募股权投资行业马太效应愈加明显，头部机构凭借品牌效应、资源获取、优秀业绩等优势，占据了大部分募资，尾部管理人前景愈加暗淡；市场待投资金充足，优质项目竞争激烈，项目估值呈上升态势，坚守长期投资、价值投资面临更大挑战。这些都将多层次、多维度对稳健运营国有资本造成新的压力。

---

* 此文节选自 2022 年 1 月公司全年工作会上的讲话。

从公司内部看，伴随近几年快速发展，公司自身存在的一些结构性矛盾也在逐步显现。比如，资本充实与负债承压的矛盾。2016 年试点以来，公司带息负债复合增长率高于资产规模复合增长率，资产负债率和利息成本压力持续加大。随着各项运营业务不断发展，如果公司仍然没有新的资本、资源注入，主要通过社会融资解决缺口，"十四五"时期资产负债结构匹配压力、资产回报与负债偿还之间的周期矛盾、资产回报率和负债利息率在不同市场波动的统筹难度将不断加剧。

又如，效益增长与结构优化的矛盾。近几年公司净利润保持高速增长，收益结构也得到有效改善，估值收益比重大幅下降。但深入分析看，收益结构改善背后的其中一个驱动因素是参股收益的超常增长，而且参股收益大部分来自总部对兄弟央企的少数直接投资。随着行业发展逐步恢复常态，公司效益提升要立足于自身业务增长，就必须优化结构。如果公司不能创造更多现金收益来源，2022 年乃至整个"十四五"时期现金流仍将继续处于"紧平衡"状态。

再如，业务拓展与风险防控的矛盾。由于运营公司投资驱动属性较强，业务拓展的同时必然带来更多风险因素。从目前各业务板块实际来看，基金投资板块面临募资、退出双重压力。金融服务板块保理、租赁业务增长需要资金驱动，客户集中度偏高、市场竞争日趋激烈。资产管理板块接收"两非"资产的"双平台"模式有待在处置出清中检验"成色"，存量资产盘活业务还要深入破题。股权运作板块尽管迅速打磨成型、形成规模特色，但在进一步扩大运作规模和保持长期收益的过程中，切实防范资本市场短期波动风险难度将越来越大。境外投资板块在当前国际政治经济形势下，业务拓展空间受限，随着部分存量资产逐步退出，效益稳固承压加剧。正是基于这些情况，公司一再强调坚持业务拓展与风险防控同步推进，绝不能将两者对立起来，全系统都必须坚定贯彻这个要求。

还如，效率提升与管控加强的矛盾。近两年来，公司健全优化管控模式、稳妥推进授权放权，运作效率和质量不断提高，"实板块"取得了明显成绩。但客观来看，"强总部"仍滞后于业务发展，一定程度上存在"小脑袋、大身子"问题。数字化建设尽管较快起步，但信息系统建设周期较长，公司业务流程化管控、风险自动化预警的要求还不能完全落地，管理运营效率还要加快提升。

所以，公司要"稳字当头"，就必须处理好这些突出矛盾。要深刻认识"稳"的意义、正确把握"稳"的要求。更加注重发展速度和质量的统一，不能再像初创企业那样高歌猛进、快速扩张，切实防止出现失速、失控风险。贯彻"稳字当头"，必须更加科学把握发展节奏，更加主动补齐运营短板，更加妥善化解重大风险，始终保持公司来之不易的发展势头，一步一个脚印地稳健前行。

持续防范公司流动性风险 *

　　企业的生存与发展时时面临风险，管理企业必须管理风险。这几年公司经常强调，国有资本运营涉及的产融领域宽、板块类型多、业态模式新，风险的传递性、外溢性更强，因此对防范风险要求更高，必须坚决避免出现颠覆性的重大风险。我们坚持风险防控与业务拓展同步推进，针对投资、财务、合规、境外等各类风险采取了一系列防范措施，牢牢守住了不发生重大风险的底线。

　　当前，应该清醒认识到，持续防范好流动性风险，对国有资本运营公司实现可持续发展具有极端重要性。运营公司要通过自身的资本流动，带动国有资本的整体流动、布局优化。一旦自身流动性出了问题，企业生存发展、功能作用发挥都无从谈起。2019 年，针对公司投资驱动属性强，发展初期难以改变现金净流出的情况，公司明确提出了加强流动性管理的问题，并且在控制债务规模、优化债务结构、降低付息成本、提高现金收益比重等方面及时采取了一系列举措。比如，在制定公司"十四五"发展规划时，明确提出要将资

---

　　* 此文节选自 2023 年 10 月公司董事会年度战略研讨会上的讲话。

产负债率控制在 55% 左右，并将严控负债水平摆在重要位置。针对公司效益结构，研究提出了"现金收益稳、参股收益优、估值收益压"的整体思路，要求按照"4：4：2"的比例，努力改善公司三类收益结构。近几年，公司初步建立起资金成本覆盖机制，现金收入整体保持了快速增长，归母净资产由 2017 年的 500 多亿元增加到 2022 年的近 2000 亿元。公司不断增厚的"家底"，使广大干部员工对未来保持可持续发展更有底气。

当然，在肯定成绩的同时，公司未来面临的资金流动性风险也不容忽视。2017 年以来，公司一直处于每年现金净流出和净投放状态，预计今年累计净投放金额将超过 5000 亿元。而且，公司负债规模持续扩大，相应的资金成本也逐年增加，对未来增加现金收益、有效覆盖资金成本带来很大压力。所以说，今后一个时期，公司资产负债结构匹配压力、资产回报与负债偿还之间的周期矛盾将持续存在甚至加剧。这是公司实现可持续发展必须迈过去的"一道坎"。

从投资业务特点上分析，公司现阶段投资驱动属性强也要求重视防范好流动性风险。试点以来，公司投资活动相当一部分是股权投资。相较于债权投资还本付息具有较强的可预见性，股权投资周期长、波动性和不确定性大，本金回流的同时投资收益能否覆盖资金成本需要经受市场检验。从各板块业务情况看，在直接投资中，公司承担了不少带有"输血"性质的改革脱困任务，相当一部分项目分红不足以覆盖资金成本；在基金投资中，运营公司以财务性持股为主，较低的股权比例往往导致对实际项目运作的话语权、控制力处于弱势地位。随着当前公司多只基金集中进入退出期，有的难点项目、"红灯"项目退出前景不容乐观，极易落入"见光就死"的大坑。即使是债权投资，在当前市场环境下也面临不小挑战。尽管公司的保理、租赁业务一直保持了"零违约、零不良"，但是考虑到每笔保理、租赁业务的资金投放金额都不小，动辄几亿元，甚至十几亿元，只要有 1 到 2 笔业务出现违约，就可能让全年效益归零。所以，如何确保公司流动性安全，始终是在运营业务拓展中必须回答好的基础性命题。

目前，公司初步建立了以控制资产负债率、现金收益覆盖资金成本为核心的流动性管理机制，但还难以完全适应未来可持续发展需要。必须在防范流动性风险上采取更加有力的举措。要加快形成国有资本运营的正向循环。流动性风险的产生，归根结底还在于公司自身"造血"能力不足。要加快在公司整体层面建立国有资本"融投管退"的正向增值循环，重点抓好基金项目的有序退出、直投项目的成本管理、债类项目的风险防范，在国有资本的可持续流动循环中提升自身效益积累能力。要不断优化运营资本的融资体系。继续强化公司整体资产负债率 55% 左右的刚性管控，始终保持公司资金链安全稳固。要动态调整融资结构，进一步增强股权融资的力度，发挥好国有资本的杠杆效应，更加重视公司业务对社会资本的带动作用；同时适应市场资金面变化，持续改善债权融资结构、有效降低债务成本。要深入做好运营资源的精准配置。尽快构建覆盖公司运营资源配置使用全过程的管理体系，积极推动有限资源向含金量高、附加值高的板块、业务适度集中，持续优化公司资本投向和资产结构，切实增强创现资产抗风险能力，确保有限资源"用在刀刃上"，形成更高质量的投入产出关系。

五 管理夯实与改革深化

　　提高国有资本投入产出效率，是提升运营公司核心竞争力的关键所在。企业之间的竞争，一定意义上就是运营效率之争。运营公司提高国有资本投入产出效率，既是提升核心竞争力的关键所在，也是持续深化改革的重要任务。公司要着力解决发展需求不断增长和运营资源相对有限的矛盾，在深化改革中牢固树立价值创造和成本可控的理念，从源头上加强运营资源配置的精益化管理，努力形成更加高效的投入产出关系。

扎实开展"投后赋能行动"*

强化投后赋能是打造"一流的综合性国有资本运营公司"的关键环节，是完善公司运营模式、提升投资价值、塑造强势品牌必须高度重视做好的一项重要工作。

要充分认识到，投后赋能是我们核心竞争力的重要组成部分，是保证公司持续发展的关键所在。目前公司投资驱动特点突出，正处在加速增长的特定阶段，多数基金尚处在投资期。如果只是一味地忙于看项目、投项目，虽然短时间能够把项目规模搞上去，但问题也会随之不断积累增多。因此，"三分投、七分管"的理念一定要落实，要扎根于公司全体员工每个人的思想里。通过开展投后赋能行动，要进一步强调投后赋能的极端重要性，强化投后管理和增值服务，而不仅仅是关注具体项目投得是否成功。

2018年以来，围绕投后赋能工作，公司各部室、各板块、各基金做了大量工作，取得了一定实效，但仍存在不少明显不足之处和工作短板，需要进一步改进。比如，投后赋能的责任不落实。虽然强调"三分投，七分管"，但谁来管

---

* 此文节选自2019年3月公司法治工作会和7月年中工作会时的讲话。

不明确。在总部层面缺少投后管理职能牵头部门，在基金层面没有配备投后管理专业部门或团队。公司内在的资源优势，没有进行有效平台整合，各种协同输出多口径，但多而不强；虽然各基金在新能源汽车、健康医疗、人工智能等领域投资形成了一定规模优势，但尚未转化成集群优势和协同优势。又如，投后赋能生态圈不强。公司在战略咨询、人力顾问、成本控制、技术提供、供应链改善等方面缺少储备，投后赋能菜单单一，"大投后、大协同"的赋能生态圈远未建立。再如，投后赋能人才储备不足。做好投后赋能，所需要的专业化投后管理团队、向企业输出的运营团队以及外部专家顾问团队的储备严重不足，人才的考核、激励等机制也未建立。因此，开展投后赋能行动，一定要针对这些不足和工作短板，研究拟定行动方案。

要健全组织体系。总部要设立归口管理部门统筹投后赋能工作，推动跨板块资源整合，形成互补协作的投资生态圈；各基金要根据自身情况设立投后管理部门或专职投后管理岗位，统筹本基金内部的投后管理工作。总部与各基金要不断加强与政府、央企、行业组织、第三方机构等的协作，开发外部合作机构，丰富投后赋能菜单。

要完善体制机制。建立投前投后联动机制，认真落实"投前审批须明确投后计划"工作要求；建立投后常规报告及信息收集机制，重点对投资项目进行日常跟踪；建立投后管理决策机制，规范管理股东事务；建立投后风险预警及风险应对机制，加强投后复盘评价，切实提升投后风险处置效率和效果；建立有利于加强投后赋能的激励约束机制，着眼于打造职业化的投后管理团队、向企业输出的运营团队和外部专家顾问团队三支人才队伍，研究建立健全投后团队股权捆绑、跟投捆绑等风险共担和退出结果挂钩考核制度。

要区别不同项目特点，采取不同的"分类赋能"措施。战略项目必须一企一策，成立专门管委会负责项目投后管理的重大事项，对一般财务投资项目要规范管理；子基金项目要配备投后管理专岗，按照"统一、专业、穿透"的原则，既督促子基金健全机制，又注意依法依规，穿透层级对子基金投资项目跟踪了解。要更加突出抓好战略投资项目的主动赋能，集中公司整体资源力量，推动其做强做优做大；高度关注重要投资项目的投后赋能，各基金、各投资主体要落实责任，积极开展投后赋能的各项工作；对一般投资项目，也要认真做好投后管理日常工作，注意通过投资生态圈打造提升项目价值。

要做到"精准赋能"。以价值提升为目标，在对有关投资项目的赋能需求全面摸底的基础上，不断丰富完善投后赋能"工具箱"，包括融资支持、管理咨询、业务协调、供应链优化等，从而"一企一策"实施赋能计划，提高赋能精准度、有效性。按照"投后从投前做起"的要求，将投后管理关口前移，在项目立项环节即要同步明确投后管理策略，包括目标、方式和路径等，并确保落实到投资协议等法律文件中。要坚持"无管不投"的理念，将是否有具体可行、可落地的投后管理计划，作为投资决策的重要条件。要持续跟进、及时掌握有关项目企业不同阶段的赋能需求，定期复盘项目投后赋能的进展成效，不断调整优化赋能策略、方式和手段。加快明确不同层面的投后机构设置、职责边界和团队建设等，下大力气构建体现运营公司特点的投后管理模式。

围绕"四个再提升"，持续深化改革创新*

"十四五"时期，要加强运营公司自身建设，紧紧围绕"四个再提升"，持续深化改革创新。

首先是平台功能再提升。不断增强运营能力、丰富运营手段、拓展运营范围，持续打造形成若干市场化、专业化的国有资本运营功能平台。要围绕以虚活实、以融促产，打造央企融资注资平台、完善综合金融服务平台，探索以市场化方式建立国有资本融资注资机制，以特色金融服务支持央企深化供给侧结构性改革。要围绕布局优化、结构调整，进一步加强创新投资引导平台、特色资产管理平台、境外投资协同平台建设，协同央企加快推动国有资本有序进退，扎实做优增量、有效盘活存量、顺利出清减量。要围绕规范运作、提高回报，优化上市股权运作平台、探索构建上市央企的资源优化配置业务平台，进一步带动央企国有资本"活起来、强起来"，在资本市场实现价值提升。要围绕加强监管、维护安全，按照国资委工作要求，建设央企数据服务和信用保障平台，完善专职外部董事服务保障平台，

---

* 此文节选自 2021 年 1 月公司全年工作会上的讲话。

加强对央企信用和数字资产的有效归集与动态监控，更好发挥专职外部董事拓展运营业务的桥梁作用。

其次是运营业务再提升。大力推动公司各个业务板块创新产品、服务和盈利模式，提升市场竞争实力，打造行业头部企业。要坚持服务央企为本，进一步加强央企"总对总"战略合作，精耕细作、深耕实作，不断扩大与央企合作范围。要优化规范基金投资运作，按照"投向清晰、规模适度、时间错配、运作专业、回报优良"的要求，围绕投资生态圈形成涵盖不同阶段标的的一体化基金布局；要把成立基金板块党委和推进公司基金板块统一中、后台工作结合起来，将党的领导融入公司治理，加快打造国际知名、国内一流的基金管理机构。要突出金融科技和产品服务创新，巩固保理业务央企领先地位，着力推动租赁业务迈入头部序列、资信评级重返行业前列，加快实现"企票通"规模化应用、财务公司业务功能升级，提升"数智化"一站式综合金融服务能力。要以"两非两资"业务为突破口，加快探索完善特色资产管理模式，着力打造公司运营业务增长"新引擎"。要按照国内一流投资机构标准，不断创新股权运作模式，确保运作收益持续跑赢相关指数，稳固公司经营效益"硬支撑"。要保持境外投资优势，科学应对复杂形势，及时调整投资策略，不断优化境外投资的区域及行业布局。

再次是治理体系再提升。始终注重自身成长与规模效益快速增长相适应，结合开展对标世界一流管理提升行动，在完善治理机制、提升治理效能上下更大功夫。要在板块公司全部设立党委基础上，推动所属企业董事会应建尽建、规范运作，同步厘清各治理主体权责边界。要进一步落实"强总部、实板块"战略，强调"以业绩论英雄"的导向，确保每个员工"守岗位、在状态"；坚持"放活"与"管好"相结合，动态调整授权放权体系，实施差异化管控模式，大力提升公司决策效率。要继续按照"一级控、二级混、三级以下压"的工作思路，积极稳妥推动所出资企业开展混合所有制改革或股权多元化改革，持续加大压减治亏工作力度，加快健全灵活高效的市场化经营机制。要牢固树立底线思维、增强风险意识，筑牢风险防范"三道防线"，结合运营业务特点，完善多维度决策支撑机制，毫不松懈严格法律合规"三项审核"，聚焦投资、财务等重大风险强化监测预警和排查处置，不断提升公司风险防控的能力水平，构建集中统一、全面覆盖、权威高效的审计监督体系，加大违规经营投资责任追究力度，确保公司行稳致远。

最后是队伍建设再提升。坚持党管干部、党管人才与完善市场化机制相结合，持续提升员工队伍综合素质和专业能力。要适应公司业务发展，稳步扩大队伍规模，聚焦构建"三层五类"人才矩阵，对外加强"高精尖缺"选聘，对内加强扫描培养选拔，加快补齐产业、管理人才短板，合理配置前、中、后台人员比例，保持员工总体数量与运营业务发展相匹配、同增长。要不断优化队伍结构，力争全系统员工队伍年龄保持在 35 岁左右，在职员工硕士及以上学历占比提高到 45% 左右，全系统党员数量再增长 20%，真正把党员培养成骨干、把骨干发展为党员。要全面实行党委管理干部"三书""三期"契约管理和竞聘上岗；推进实施干部人才"活水计划""源头计划"，探索轮岗交流、上挂下派等多种培养方式。要完善科学精准的考核指标体系，坚定推行末等调整和不胜任退出。

不断提高运营资源配置效率[*]

提高国有资本投入产出效率，是提升运营公司核心竞争力的关键所在。企业之间的竞争，一定意义上就是运营效率之争。2021 年，国资委在中央企业经营指标体系中增加了全员劳动生产率，形成了"两利四率"[①]；2023 年，用净资产收益率、营业现金比率分别替换了净利润、营业收入利润率，指导推动中央企业更加重视提升质量效率。

要针对公司资金驱动属性较强、有息负债增长较快的状况，着力克服公司资源约束日趋严重的瓶颈，在"开源节流""精打细算"上下更大功夫。要积极拓展融资渠道，进一步优化债务结构，降低债务成本，确保公司资产负债率保持在合理水平。要更加注重资源精准配置，加强成本效益核算，推动有限资源向含金量大、附加值高的业务适度集中；对各个业务板块新的资源投入，必须以合理回报为前提，坚决防止"乱铺摊子"。要保持对基金板块资源投入力度，放大募资撬动效应，进一步发挥新设基金对公司资源开拓

---

[*] 此文节选自 2023 年 1 月公司全年工作会和 7 月年中工作会上的讲话。
[①] "两利四率"指净利润、利润总额、营业收入利润率、资产负债率、研发经费投入强度、全员劳动生产率。

的至关重要作用。合理调控股权运作委托管理与自主投资的比例，将资本积累和利润增长放在更趋平衡的位置。重视直投板块重大项目的投入成本和收益回报，按照项目重要性、板块流动性、投入回报性和业务增长性"四个把握"的要求，努力实现资金资源"精准灌溉"。要适应公司收益结构"4：4：2"的内在需要，探索建立运营公司资产结构分析模型，进一步加强投资计划管理与财务预算管理的协同联动，优化公司资产配置的期限、类型和收益结构，动态调整创现资产、参股资产、估值资产配置比例，有效兼顾资产配置的收益性、流动性与抗风险能力。

运营公司提高国有资本投入产出效率，既是提升核心竞争力的关键所在，也是持续深化改革的重要任务。未来公司资产负债结构匹配压力、资产回报与负债偿还之间的周期矛盾还势必加剧。从公司资产配置角度分析显示，公司2/3以上的资产，一方面贡献了相当一部分现金收益，另一方面收益率低于公司平均水平。与此同时，有的板块估值资产收益率虽高也能带来一定现金收益，但投资项目退出难以实现预期收益的潜在风险也随之加大。所以，要着力解决公司发展需求不断增长和运营资源相对有限的矛盾，在深化改革中牢固树立价值创造和成本可控的理念，从源头上加强运营资源配置的精益化管理，努力形成更加高效的投入产出关系。要加快建立资源统筹配置机制。坚持"效益优先、突出功能、有进有退"，结合收益贡献大小、收益率水平和功能需要，推动可运作资产向含金量高、附加值高的板块、业务适度集中，切实增强创现资产抗风险能力，提升参股资产收益回报，保持合理估值资产规模。更加注重把握好负债与权益的结构比例，在通过负债融资的同时，积极争取引入增量权益。要切实强化资源投入产出考核。探索建立资源使用效率的考核机制，持续做好"压减"和亏损治理工作。坚决清理无业务、无贡献、无功能的子企业，坚决压减收缩收益率低于资金成本、功能作用未能有效发挥的低效业务规模，坚决退出战略意义不大、投入产出率低、带动效应差的业务。要集中加强资源使用过程管理。完善总部对资金供给、利润分配、自主融资、税收筹划的统一管理，结合板块发展阶段、功能定位实行差异化配给，完善司库体系管控、预警功能，加快形成覆盖运营资源配置使用全过程的管理体系。

着力完善"四个机制"，
确保"三年行动"圆满收官[*]

　　2022 年是国企改革三年行动收官之年，要坚持问题导向，聚焦重点制度机制改革，倒排工期、务实推进，确保在党的二十大前全面完成任务，切实将改革效果转变为发展成果。

　　在完善公司治理机制方面，坚持"两个一以贯之"，健全完善中国特色现代企业制度，持续推进板块公司党委应建尽建，选齐配强所属企业董事会、全面规范派出股权董事履职行权流程，不断完善经理层任期制和契约化管理。要对照总部治理规范、结合板块实际，及时指导出资企业修订完善党委会、董事会、经理层议事规则，明晰治理主体权责边界。要坚持"授权不免责"，结合出资企业业务特点、行权能力和履责情况，动态调整权责事项清单和授权放权清单，"一企一策"开展授权工作，既避免"一收就死"、也防止"一授了之"，确保组织体系高效运转、重大决策科学规范。要牢记公司承担的特殊职责，以更高的标准、更实

---

　　[*] 此文节选自 2022 年 1 月公司全年工作会上的讲话。

的举措，一如既往做精做好中央企业专职外部董事服务保障工作，积极支持中央企业董事会建设。

在完善差异化管控机制方面，按照"强总部、实板块"要求，继续增强总部的战略引领、运营管控、资金配置、队伍建设、风险防范等能力。要以"统一品牌、统一管理、统一质量、更高效率、更低成本"即"三统一、两更加"为目标，坚定推进基金板块统一中后台改革，基金管理公司和公司各只基金要互相理解支持，不断健全前后协作、运作高效、风险共担、利益共享机制，实现前台运转优化、中台风控专业、后台支撑有力。要统筹建立覆盖公司全级次的投资管理体系，涵盖融、投、管、退全生命周期，加强投资管理、规范投资行为，进一步提升出资企业、所投项目的价值创造能力。

在完善市场化经营机制方面，继续深化公司人才培养和竞争机制，将竞争上岗和末位调整、不胜任退出结合起来，力争中层岗位选聘主要靠竞争，考核调整和退出不低于5%。要健全激励分配机制，推动薪酬分配向关键核心人才、作出突出贡献的人才倾斜，切实拉开同层级薪酬差距，薪酬倍差原则上不低于1.5倍。要优化中长期激励机制，结合所属企业特点，采取超额利润分享等多种措施，充分激发员工活力。要探索实施容错纠错机制，将免责事项清单落到实处，为实干者鼓劲，为担当者担当。

在完善考核导向机制方面，深入推动落实运营公司差异化考核方案，重点围绕服务国家战略、发挥运营公司功能作用、实现国有资本保值增值和提升风险防控能力，进一步增强考核的科学性、精准性和有效性。要健全"与自己比看业绩改善、与板块比看贡献大小、与行业比看领先水平"的"三比三看"绩效评估机制，统筹兼顾短期与中长期目标，保持合理增长速度。要强化考核结果刚性应用，紧紧围绕"三项制度"改革的关键环节发力攻坚，在"能下、能出、能减"等难点问题上出实招、见实效，努力实现"以业绩论英雄"。

持续深化市场化机制改革*

中央经济工作会议强调，国有企业要真正按市场化机制运营。中央企业负责人会议要求以更大力度打造现代新国企，促进国有企业与市场经济深度融合。要根据这些精神，大力推进公司市场化机制改革，进一步在"真正"二字上动真碰硬。

要紧紧抓住"三项制度"改革这个关键，继续推动"能下、能出、能减"，在全系统严格实行考核结果强制分布、末等调整和不胜任退出，切实纠正个别员工"躺平""摸鱼"的不良苗头。要不断完善任期制和契约化管理制度，在具备条件的业务板块加快探索职业经理人制度。要健全业务骨干和年轻员工考核晋升机制，将考核结果应用到员工培养成长全过程，鼓励大家干一行爱一行、钻一行，克服轮岗交流、内部推荐时容易产生的攀比心理，引导广大员工踏踏实实做好本职工作。要坚持业绩、薪酬"双对标"，构建体现知识、能力实际贡献的收益分配机制，拉开同级岗位薪酬差距，提高工资总额资源分配效率，坚决杜绝

---

* 此文节选自2023年1月公司全年工作会上的讲话。

"高水平大锅饭"。

在对外业务开拓中，要继续坚持市场化专业化运作原则，牢固树立"资金有成本、投入要回报"的市场经营意识，通过算清账、讲清理，努力寻求每个开发项目的合理交易对价和投资回报。要进一步提倡契约精神，重信守诺、合规经营，加强合同协议的谈判、签约、履约全过程台账管理，坚持专业化、法治化推进业务。对于不以获取效益为主要目的、具有特定价值的重大项目，要把握资源投入的规模节奏，重视对外争取支持，努力拓展业务机会，通过不同合作项目盈亏相抵、近期长期回报平衡等方式，实现公司综合收益最大化。

在国企改革深化提升行动中要做到
"三个更加突出"*

　　推进新一轮国企改革深化提升行动必须把握正确方向。从运营公司实际出发，要牢记坚定不移做强做优做大国有资本和国有企业的总目标、坚持和加强党对国有企业的全面领导的总原则、积极服务国家重大战略的总要求，努力在深化改革中做到"三个更加突出"。

　　聚焦增强核心功能，更加突出服务国家战略功能。增强核心功能是国企改革深化提升行动的一项核心任务，也是中央企业担负新使命新任务的必然要求。在国有企业整体层面，核心功能主要体现为增强国有经济的主导作用和战略支撑作用；具体在中央企业层面，核心功能体现为聚焦自身使命任务、做强做专主责主业。对于运营公司而言，虽然组建初衷是提高国有资本流动性、更好实现保值增值，但七年试点表明，作为一家中央企业，还必须在坚持主责主业中落实国家战略，通过资本运营助力解决国有经济结构调整缺乏手段、央企推动创新发展缺乏资源、传统产业资本高效流动缺

---

　　* 此文节选自 2023 年 7 月公司年中工作会上的讲话。

乏渠道等深层次问题。增强运营公司核心功能，必须更加自觉地服务国有经济布局优化、结构调整和转型升级，大力推动国有资本向关系国家安全、国民经济命脉和国计民生的重要行业和关键领域、重点基础设施集中，向前瞻性战略性新兴产业集中，向具有核心竞争力的优势企业集中。

聚焦服务央企为本位，更加突出助力发挥"三个作用"。中央企业是实体经济的骨干。充分发挥在建设现代化产业体系、构建新发展格局中的科技创新、产业控制、安全支撑作用，是中央企业落实国企改革深化提升行动的战略任务。作为国资委监管的运营公司，虽然不同于一般产业央企，但同样承担振兴产业的使命，必须牢牢聚焦进入实体产业的国有资本开展运营，心无旁骛做到"以虚活实、以融强产"。我们决不能"脱实向虚"，坚决不做脱离实体产业需要的运营业务，坚决不做不顾及实业伙伴、只追求自身回报的"一锤子"买卖。要在持续深化运营公司改革中，紧紧聚焦助力产业央企发挥"三个作用"，进一步找准服务实体经济的切入点。要当好科技创新的专业投资者，积极通过国有资本运营引导更多社会资本支持实现高水平科技自立自强；要当好产业融通的积极助推者，充分发挥股权纽带、资源链接优势，有力支持产业央企打造培育产业链龙头企业、建设现代产业链链长；要当好经济安全的忠诚守卫者，积极助力产业央企利用国内国际两个市场两种资源、畅通国内国际双循环，提升产业链供应链安全和韧性。

聚焦提高核心竞争力，更加突出建设世界一流企业。提高核心竞争力是中央企业成为世界一流企业的根本之道，目前关键是要提升两种能力，即持续创新能力和价值创造能力。持续深化运营公司改革，加快打造具有全球竞争力的一流的综合性国有资本运营公司，努力成为资本运营的"常青树"和"百年老店"，就必须围绕提升持续创新能力和价值创造能力下更大功夫。要坚决防止"小进则满"，进一步完善运营模式、丰富运营手段、拓宽运营范围，持续提升运营创新能力；要坚决防止"外强内虚"，协调推进规模效益增长和治理效能提升、重大风险防范，形成更高质量的投入产出关系，持续提升运营效率和价值创造能力；要坚决防止"名不副实"，巩固打造一批行业头部企业，加快建设国有资本运营"铁军"，着力塑造投资、运营领域的国家级名片，持续擦亮一流的运营公司品牌。

自觉将运营业务拓展融入功能性改革[*]

功能性改革是新一轮国企改革深化提升行动的最大亮点，也是最大难点，是改革的重中之重。为此，要把打造公司新业务格局、丰富拓展运营业务，自觉融入央企功能性改革大局，更大范围、更加有效地推动国有资本在一、二级市场跨企业、跨行业、跨区域合理流动。

要切实增强运营公司培育孵化功能。围绕央企产业链布局创新投资链，探索完善"投早投小投硬科技"的创新投资机制，打造早期介入、全周期赋能的新型"耐心资本"，助力打造原创技术策源地；用好双碳、生物、TMT等专项基金，努力在新一代信息技术、人工智能、工业母机、工业软件、新能源、新材料、生物技术等领域，投资更多专精特新和单项冠军企业；进一步加强基金投后管理，探索设立创新孵化器，完善赋能工具箱，助力所投项目对接创投资金、业务客户、产业资源，构建孵化科技创新"微生态"。

要切实增强运营公司结构调整功能。集中力量加快设立央企战略性新兴产业发展基金，加大募资力度、提前储备项

---

* 此文节选自2023年7月公司年中工作会上的讲话。

目，确保发挥布局新产业、开辟新赛道的重要作用；积极协助央企加大不动产、基础设施等存量资产盘活力度，促进存量国有资本实现形态转换，加快转型升级；助力产业央企加快技术改造、设备投入、绿色升级，提升数字化智能化绿色化发展水平；以服务"一带一路"共建为重点，更好服务产业央企"走出去"开展要素全球化配置，提高重要资源能源支撑托底能力。

要切实增强运营公司助推改革功能。继续参与央企股权多元化改革、战略性重组、专业化整合，支持合作央企加大"两非两资"处置出清力度，助力聚焦主责主业、巩固优势领域；继续运作好双百基金、科改基金、综合改革试验基金群，积极推进设立国企改革发展基金，努力在支持深化改革上展现更大作为；开发用好"1＋N"系列央企指数，有效发挥"积极股东"作用，支持央企利用上市平台开展股债融资、并购重组，促进产业经营与资本运营融合发展。

在巩固深化制度性改革中打造现代新国企[*]

现代新国企既新在布局结构、发展方式的调整升级上，也新在公司治理、经营机制的完善成熟上。要进一步聚焦治理管控、考核分配等领域的突出问题，继续加大公司体制机制的市场化改革力度，不断塑造新动能、增强新动力。

完善中国特色国有企业现代公司治理是打造现代新国企的必然要求，要严格落实各级党委"三重一大"决策制度、前置研究讨论重大经营管理事项清单，既确保公司党委的集中统一领导，又充分调动出资企业党委工作的主动性和积极性，在整体上发挥好把方向、管大局、保落实的领导作用；持续健全董事会运行机制，对于涉及对外投资、财务管理、产权管理、人事管理以及重大改革等事项，健全完善派出董事发表机构意见的规范程序，坚决防止违背股东意志、随意发表意见。

优化差异化管控体系是打造现代新国企的内在需要。要完善公司全级次授权体系，坚持向下授权原则不超过一级、"无授权必上报"；探索明确各级企业机构岗位设置的规范性

---

* 此文节选自 2023 年 7 月公司年中工作会上的讲话。

要求；着重提升上市公司质量，全面落实上市公司综合性改革方案、实施组织变革流程再造，加强两级班子融合，完善产品体系，实现业务平稳发展；加快推进公司数字化建设，推动数据融通、提升反应速度、改善用户体验、维护网络安全。

构建新型经营责任制是打造现代新国企的关键举措。要优化考核激励机制，在坚持任期制和契约化管理全覆盖基础上，加强对业务板块功能作用发挥的考核，更加突出"质效并重"，持续提升考核的科学性、精准性和挑战性；完善全员考核体系，更大力度实行考核结果刚性兑现、末等调整和不胜任退出，确保调整退出每年保持合理比例；完善收入分配机制，通过内部效率对标建立工资总额基数调整机制，推动工资总额分配从"扩增量"向"优存量"转变；坚持在市场检验下"看岗位、看业绩、看贡献"，探索建立针对紧缺人才的薪酬"特区"，完善多元化中长期激励机制，推动薪酬分配向业绩优秀、贡献突出、培育新增长点成效显著的企业和个人倾斜；持续推进基金板块前中后台一体化改革，按照"限高、扩中、托低"原则，抓紧落实岗位竞聘选聘、确定职级薪酬等配套工作。

六　运营队伍建设和党建引领

　　一流的国有资本运营公司必须有一流的干部人才队伍做支撑，这是公司轻资产运营模式核心竞争力的集中体现。在公司"资本＋人才＋技术"轻资产运营模式中，"资本"要素和"技术"要素的作用发挥都离不开"人才"这个第一资源；从一定意义上讲，资本的"市场驱动"与技术的"价值驱动"是否有力，与人才的"专业驱动"是否强劲直接相关。

开展"责任压实行动"要落实"六个查找"*

公司改革发展和运营试点工作的加快推进，对员工队伍的能力素质、工作作风特别是责任担当提出了更高要求。开展"责任压实行动"，就是落实"六个查找"要求，通过深入查找、系统解决公司队伍作风建设方面存在的突出问题和薄弱环节，努力打造一支适应高质量发展需要的高素质员工队伍。

要查找结合文章不够导致党建工作"弱"的问题，重点解决一些企业党建和业务"两张皮"，重业务轻党建，忽视政治、淡化政治、不讲政治，对国有资本运营公司试点的使命定位把握不到位，有关业务开展只看短期经济效益，不看长远战略价值，只算经济账、不算政治账的问题；解决有的板块和部门贯彻执行民主集中制不到位，有的各自为政、自行其是，有的议而不决、决而不行的问题；解决一些基层党组织不同程度软弱涣散，政治功能不够突出，组织力有待提升，党建工作弱化、淡化、虚化、边缘化的问题；解决一些党员干部心中缺少敬畏，行为没有底线，不严格执行党的政

治纪律和政治规矩，"五个必须"落实不到位等问题。

要查找务实深入不够导致的"虚"的问题，重点解决做表面文章，搞形式主义，"说了不等于做了，做了不等于做好了"的问题；解决一些重要项目"战略来战略去"、商业模式迟迟不能落地，一些重点工作"方案来方案去"、具体举措迟迟不能实施的问题；解决一些板块经营管理思路多、行动少，业务合作意向多、落地少，特别是习惯报喜不报忧，甚至不报实情、不讲真话，刻意掩盖矛盾隐患而不去解决等问题。

要查找工作效能不高导致的"慢"的问题，着力解决重点任务推进不及时、不坚决，行动迟缓、办事拖拉、效率低下的问题；解决许多工作目标不清晰、责任不明确，无法及时有效落地的问题，有的工作有部署、无回音，进展情况不及时汇报，遇到困难不及时反馈的问题；解决工作主动性差，不推不动，一推一动，甚至推而不动，落而不实，有的工作抓而不实，调研指导不深入，抓工作紧一阵松一阵，不能一竿子插到底，"头重脚轻""虎头蛇尾"等问题。

要查找任事担当不足导致的"懒"的问题，重点解决少数干部员工只想高薪酬不想担责，只想出彩不想出力，在其位不谋其职，在其岗不尽其责，对职责范围内的工作消极应付，上推下卸，该断不断的问题；解决有的同志对待工作拈轻怕重，只愿意做容易干的事、短期能见效的事，对苦事难事、见效慢的事敬而远之，遇到问题绕着走、碰到矛盾躲着走、看见难点低头走的问题。

要查找纪律管理不严导致的"散"的问题，重点解决有的同志有令不行、有禁不止，纪律松懈、自由散漫、我行我素，甚至擅离职守、随意脱岗的问题；解决有的部门管理粗放、做事敷衍、办事马虎，有的同志对待工作不认真、不负责、不尽心的问题；解决一些员工不严格执行保密规定，跑风漏气，损害公司利益和形象等问题。

要查找精神状态不振导致的"庸"的问题，重点解决一些骨干员工缺乏竞争意识、忧患意识，精神懈怠，工作思路厘不清、重点抓不住、局面打不开的问题；解决一些党员干部对待工作只求过得去，不求过得硬，甘于平庸，缺乏"精品意识""工匠精神"，改革创新意识不强，干事创业激情不足，苦干实干精神不够，缺乏争先进取的勇气锐气等问题。

加快建设国有资本运营干部人才中心和创新高地*

适应新形势新任务，公司未来一个阶段要以全面提升干部人才能力素质为关键，加快建设国有资本运营干部人才中心和创新高地。

要坚持党管干部、党管人才原则，并贯穿"选育管用"全过程、各方面。把好政治标准，守牢政治首关，重点加强干部人才政治考察"五必看"，即看政治忠诚、看政治定力、看政治担当、看政治能力、看政治自律。坚持将人才作为国有资本运营"第一资源"，分层分类统筹实施人才强企工程，继续完善"潮头计划＋头雁行动""干流计划＋活水行动""源头计划＋墩苗行动"三大工程，推动人才强企战略落实落地。加快配齐配强各级领导班子。动态掌握所属企业领导班子运行情况，进一步优化班子年龄、专业、能力、性格结构。开展党委管理干部轮训，持续提升领导干部核心能力。加快中层干部队伍建设。对所出资企业优秀中层干部队伍，要实施动态了解和跟踪培养，突出了解"干了什么、干成了什么"。对那些临危受命、善于开拓，为破解难题作出贡献

---

* 此文节选自 2022 年 8 月公司干部人才工作会上的讲话。

的中层干部，要不拘一格，大胆提拔使用。坚持内部培养为主、外部引进为辅，进一步充实中坚骨干力量。加快培养优秀年轻人才队伍。加强以管培生为代表的优秀青年人才培养，持续开展"墩苗行动"，培养年轻干部工作韧劲、产业情怀，刷好"红色底漆"。做好应届高校毕业生引进工作，坚持品学兼优，厚植人才储备基础。

不断加强公司干部人才队伍的本领建设，大力提升国有资本运营管理的能力和水平，要特别注重提升领导力。重视加强战略思维、长远谋划和系统观念，在实际工作中注意学哲学、用哲学，既要立足当下抓好手头的工作，更要站在国有资本运营公司的功能定位上，从全局、长远、大势上作出判断和决策，学会在大局大势中把握主动。在加强团队管理和人才培养方面，公司各级领导干部要以身作则、以上率下，以"头雁"引领"群雁"齐飞，在开展国有资本运营业务的同时锤炼队伍，在贡献国有资本保值增值业绩的同时输出人才。要注重提升专业能力。加强国有资本运营管理专业能力的培养，始终引导专业人才坚持独立判断，敢于发表意见，敢于坚持原则，同时要在解决问题、推进工作、增强建议操作性上下功夫。要注重提升创新能力。国有资本运营事业就是创新的事业，要敢于打破固有思维和习惯，以敢为天下先的创新精神，在运营方向和路径上大胆探索，勇于创新。不断提升创新本领，善于总结和提炼规律，紧跟形势和情况的变化，与时俱进，深入探索新的运营模式。

要牢固树立"以业绩论英雄、向市场要答案"的鲜明导向，持续深化"三项制度"改革，努力打造国有资本运营公司市场化样板，激励干部人才担当作为。按照"外部引进、内部盘活"工作思路，进一步创新市场化选人用人机制。突出精准引才，加快紧缺人才画像，提升引才精度，放大引才视角，创新"以才引才""以会引才"等方式，进一步引进紧缺骨干领军人才。加快内部人才市场建设，采取"组织派遣＋个人请战"的形式，持续开展双向交流，将骨干人才放到吃劲要紧岗位和急难险重任务中摔打磨炼。围绕"一个坚持、四个突出"，进一步完善系统化考核评价机制。坚持中央对"两类公司"要求什么，我们就考核什么，更加主动地向中心聚焦、为大局聚力。做到"四个突出"，即突出目标挑战性，优化目标分档机制，按照底线目标、基本目标、挑战目标设置不同的计分规则和激励举措；突出考核精准性，强化对企业发展"难点堵点"的考核力度；突出管理动态性，紧紧围绕政策新要求、环境新挑战、业务新变化，建立形成目标任务及时调整机制，推动考核牵引与业务发展有效同步；突出压力传导性，牢固树立"争先进位、慢进也是退"的进取意识，确保考核目标全面传递到各级组织、全体员工，做到人人肩上有担子、个个身上有压力。聚焦"正向激励、刚性约束"，进一步优化差异化薪酬分配机制。要持续深入推行薪酬业绩双对标，对超越自己、跑赢市场、优于同行的企业，在负责人薪酬和工资总额方面予以双重奖励；对考核任务不达预期，不仅扣减绩效奖金，还要重新回顾对标，下调负责人薪酬标准和工资总额至合理水平；对责任未压实，考核不到位、薪酬没差距的企业，严格控制工资增量，倒逼企业加大改革力度，坚决杜绝"高水平大锅饭"。

高度警惕影响公司干部作风建设的十三种现象 *

习近平总书记在主题教育工作会议上指出，要努力在以学铸魂、以学增智、以学正风、以学促干方面取得实实在在的成效。我体会，这"四个学"的重要任务，最终都要奔着解决实际问题来展开。坚持以学铸魂，重在夯实思想根基，是要解决认识不够、不想作为的问题。坚持以学增智，重在掌握看家本领，是要解决能力不强、不能作为的问题。坚持以学正风，重在涵养新风正气，是要解决担当不足、不敢作为的问题。坚持以学促干，重在开创发展新局，是要解决学用脱节、无所作为的问题。

2023 年 6 月 8 日上午，习近平总书记在内蒙古考察时重点强调要"正三风"，即大兴务实之风、弘扬清廉之风、养成俭朴之风。这些年，公司党委高度重视干部队伍建设，全系统干部队伍作风形象和精神状态整体是好的。但是，从日常工作看，一些问题倾向仍然需要引起大家重视。这里，以正风为标尺，梳理归纳了以下 13 种值得我们高度警惕的现象。

---

* 此文节选自 2023 年 6 月公司党委主题教育第三期读书班上的总结讲话。

一是事务主义严重。平时看上去忙忙碌碌，起早贪黑，但大事、要事顾不上问，具体工作从早忙到晚。看似雷厉风行，实则稀里糊涂；看似有条不紊，实则被具体事务牵着鼻子走。工作上不善于统筹，分不清轻重缓急，眉毛胡子一把抓。把工作过程弄得很辛苦，至于干好干坏不去深究，整个队伍天天加班加点，一年到头忙忙碌碌，却忙不出个头绪。表面上给人一种工作"在状态"的错觉，有时候还自我感觉"很敬业"，实际上是造成工作游离于岗位核心职责之外，从效果上看并不太好，还搞得队伍身心疲惫甚至士气低落。

二是满足于平庸凑合。上班不用劲，在岗不尽责；办事不走心，下班准点走。工作只求进度，不求质量；只求完成，不求完美；标准要求不高，缺乏工作激情。工作上推崇"差不多主义"，造成细节做不到位、把关层层失守，结果是从"差不多"到"差很多"。有时工作中反复出现明显的低级错误，甚至可能小事拖大、大事拖"炸"。既看不见"一万年太久、只争朝夕"的进取态度，也看不到"大事作于细、用心才一流"的精益精神，从领到任务开始就主观上消极被动，"等、靠、要"思想严重，问题不研究、过程不沟通，业务上说不清、道不明，总是以"正在研究推进"来回复。

三是习惯当"二传手"。写材料、谈业务习惯于照搬照抄，把之前的做法、别人的东西想都不想就拿来凑数。报告工作时只过手、不把关，一手接活、一手转出，既不费脑力，也不出体力，活生生像一个上传下达的"传声筒"。一方面，责任不敢担、主意不会出，把问题推回给上级。另一方面，布置工作想当然，发号施令，直接把责任甩给下属，既不给予必要的提醒和指导，也不强调工作要求，一副典型的既不"挂帅"也不"出征"的"甩手掌柜"的模样。

四是专业缺失。做项目判断时，不是把主要精力放在对项目本身的投资逻辑和市场规律的研究上，而是把心思花在用所谓的"专业判断"去迎合适应领导的意图上，提出的意见"八面玲珑"，热衷于用专业术语来试探或者证明领导的想法是如何正确，把专业至上变成了专业"迎"上。许多时候明知有问题却不指出来，实际上是在给领导"挖坑"，对公司和事业极不负责任。

五是不接地气。抓工作浮在面上、沉不下去，不知道怎么搞调研。脚不沾地、鞋不沾泥，只是满足对纸面材料的一知半解，缺乏对项目实际情况的深入了解，来龙去脉也讲不清楚。领导往深里再追问个一两句，就马上一问三不知。特别是对基层多次反映的问题或者一些紧迫的重点工作的推进，缺乏系统思维，提要求、布置任务草率随意，工作思路措施飘在空中、无法落地。想当然的工作方法造成基层以形式主义来应对官僚主义，最终使干部形象、公司事业、重点工作都遭到损害。

六是盲目乐观。在公司跨越式发展的成绩面前自我感觉良好，滋生蔓延盲目乐观的心态和情绪。自我陶醉于所在企业业绩增长的"功劳簿"，觉得兄弟央企、合作伙伴在市场上都对我们"高看一眼"，看不到自身业务发展的短板不足、资源投入的瓶颈约束，缺乏主动创新动力。甚至存在公司现在已经"家大业大"的错觉，满足于近几年没有重大投资失误，在推进业务时开始轻信能够规避重大风险，出点小问题自信可以"摆平"，结果一个工作疏漏就使团队陷入被动局面，甚至可能给板块公司"捅出大娄子"。

七是急于求成。患上了"心急病"，做事开始心浮气躁、急功近利，不顾市场规律和企业规律，片面追求速度而忽视质量。为了出业绩、抢排名、挣薪酬，铆足劲儿"踩油门""提速度"，在争资金、上项目上跃跃欲试、生怕落后，但对打基础、利长远、见效慢的事就选择性忽视，嘴上说是"重要"、手上抓却"稀松"。觉得自己所在企业主责主业不好干、成长慢，看着别的板块企业快速增长，也想着"另起炉灶""开辟赛道""铺新摊子"，往往"一个板凳还没坐热""一个项目还没谋划好"，就开始谋划打算下一个，最后"捡了芝麻丢了西瓜"。还有一些同志虽然来公司工作时间不长，却"这山望着那山高"，觉得自己学历好、能力强，没能干上投资业务就是"小庙屈才"，沉不下心来在组织安排的岗位上学习锻炼、担当作为。

八是抓而不实。在公司业务创新发展上思路多、方案多、口号多，但是"光打雷不下雨""只见楼梯响、不见人下来"，创新业务总是在"纸上谈兵"作谋划，实际上推而不动、落而不实。贯彻落实公司党委部署要求，出制度"依葫芦画瓢"、写文件"上下一般粗"，既不分解任务，也不细化措施，更不检查措施的落地实效。在经营管理中对待工作没有钉钉子精神，不是一以贯之紧抓不放，仍然满足于"说过了就是做过了、做过了就是合格了、合格了就是达标了"。在自己分管领域习惯于"作授权""问下属"，把任务和责任"一授了事"，以"看着办"代替"领着干""带着干""帮着干"。

九是搞小圈子。习惯于搞自己的小圈子，把自己负责的系统业务或者板块公司有意或无意地当作自留地，自觉或不自觉地在搞"独立王国"。口头上讲的是"央企姓党""听党话、跟党走"，行动上却把上级的部署要求当成可执行、可不执行的选项，合则用、不合则弃或者拖着不办，有时甚至想办法干扰上级决策。在所在部门或单位热衷于个人说了算，执行党的民主集中制原则在这些地方打了折扣。

十是"爱惜羽毛"。工作中讲求中庸平衡，"好人主义"盛行，疏于管理甚至不敢管理，不敢批评下属，不敢严格要求，只点头、不摇头，只栽花、不栽刺，工作但求过得去、不求过得硬。对待工作和团队既不讲原则、也不讲大局，只想着在领导面前有句好话、在群众当中讨个好名声。奉行"不干事就不会出事",说话办事"四平八稳",看似情商高,实际上脑子里装的全是个人主义,没有把党的事业、公司的事业放在前面。

十一是"歇脚、松劲"抬头。随着公司跨越式发展,一些同志安于现状、"歇歇脚""松松劲"的想法近年来明显有所抬头。面对兄弟央企、同行对手的发展势头,总觉得我们还领先一个身位,缺乏应有紧迫感,抱着"小富即安""小进则满"的心态,不知不觉中放慢了脚步、踱起了方步。面对完成今年业绩目标的较大压力,习惯强调客观因素"难不难"、不讲主观努力"行不行",遇事"难"字当头、遇难"退"字当先,碰到矛盾和问题就想绕道走,关键时刻撂挑子、掉链子。

十二是喜欢"打擦边球"。面对经营业绩压力,总想只要业绩好就能"一俊遮百丑",不惜通过"投一把""赌一次"来完成任务,甚至违反制度要求、流程规范,越权决策、不听招呼,或者也不打招呼,导致埋下风险隐患。在个别企业审计中甚至还发现了存在违反财务准则、虚增利润的案例,尽管不是主观故意,但是错误是存在的。在推动业务发展、创新业务模式中,觉得只要不明显违反禁止性规定就不会有大问题。在落实中央八项规定精神上有时候还在"搞变通"。

十三是"自扫门前雪"。工作中缺乏大局意识、协同意识，做事情总是紧盯自己的"一亩三分地"，"小算盘"打得噼啪响，一旦事不关己就高高挂起。面对系统性、复杂性的协同工作，要求其他部司配合的往往"催催催"、轮到自己配合的动辄"拖拖拖"，时不时还要"耍个太极""踢个皮球"。眼中只有"树木"，不见"森林"，缺乏"上下一盘棋"的全局意识和"功成不必在我"的宽广胸襟，不愿意在协同中"修路架桥"，甚至有意识将业务资源、客户渠道"私有化"，把个人工作视为自己的资源，人为导致协同网络淤积堵点、出现"梗阻"，严重降低资源配置效率，如此等等。

以上13种现象需要大家高度重视和纠正。应该强调指出，近几年公司之所以能够实现跨越式发展，一个很重要的密码和优势就是始终坚持"大兴务实之风"，实实在在地反思和解决公司队伍自身存在的问题。所以，公司各级党组织、全体党员和广大干部员工在主题教育中以学正风，一定要提高思想认识，深挖上述现象背后藏着的一系列作风建设上的顽瘴痼疾，认真解决这些问题，这不仅关系到公司干部员工队伍的个人成长，更关系到国有资本运营事业的持续健康发展。

突出抓好资本运营人才这个第一资源[*]

做好公司干部人才工作，是深化国有资本运营公司改革的重要支撑。一流的国有资本运营公司必须有一流的干部人才队伍作支撑，这不仅是提升公司经营投资效益和治理管控效能的重要保障，而且也是公司轻资产运营模式核心竞争力的集中体现。在公司"资本＋人才＋技术"轻资产运营模式中，"资本"要素和"技术"要素的作用发挥都离不开"人才"这个第一资源；从一定意义上讲，资本的"市场驱动"与技术的"价值驱动"是否有力，与人才的"专业驱动"是否强劲直接相关。

当前，建设具有全球竞争力的一流的综合性国有资本运营公司还面临不少新的挑战。公司现有各个业务板块都不同程度遇到了发展"天花板"，需要努力提升业务附加值和"含金量"；进一步发挥运营公司功能，助力实体央企充实资本实力、防范化解风险、打造原创技术策源地和现代产业链链长，也还要继续探索破题。所有这些，都需要加快培养提升公司各个板块、各个领域干部人才队伍的专业能力

---

[*] 此文节选自 2022 年 8 月公司干部人才工作会上的讲话。

和综合素质。

要进一步搞好"四个结合"。即：重视把"养德"与"育才"结合好，坚持德才兼备、以德为先，把政治标准摆在第一位，始终坚持以习近平新时代中国特色社会主义思想为指导，时刻拧紧世界观、人生观、价值观的总开关；同时持续提高干部人才专业能力，确保有足够的专业本领解决专业问题，推动运营事业高质量发展。重视把"数量"与"质量"结合好，既关注队伍数量的增加，更重视队伍质量的提升，不能因急于弥补岗位缺口、改善班子结构而片面追求数量、降格以求；也不能片面强调质量而对干部求全责备，对看得准的干部人才要敢于给位子、压担子，让优秀干部人才尽快走向成熟、脱颖而出。重视把"外引"与"内生"结合好，既大胆引进外部领军人才，更注重培养用好内部干部人才，加大对现有队伍潜力的挖掘和激发。重视把"激励"与"约束"结合好，对干部人才既要激励引导、鼓劲加油，也要规范约束、监督到位，两者不可偏废。

加快构建适合运营公司特点的党建工作新模式[*]

　　打造国有资本运营升级版，必须将强"根"铸"魂"贯穿始终，管资本就要管党建，要把党的领导、党的建设融入管资本全过程、各方面，把建立党的组织、开展党的工作，作为公司投资并购的必要前提。根据不同类型企业特点，要明确党组织的设置方式、职责定位和管理模式，确保"国有资本流动到哪里，党的建设就跟进到哪里、党组织的作用就发挥到哪里"。对新并购项目，要按照"四同步、四对接"要求，及时建立党的组织，理顺隶属关系，拧紧责任链条，务实有效地开展党的工作，确保党的建设不缺位、不失位。对多数财务性持股项目，要把牢国有资本投资运营的政治属性和政治方向，注重投前政治把关、投后党建赋能，结合具体项目实际，加快探索在持股企业发挥政治功能、扩大政治效应的途径和方式，及时总结经验做法，加快破题创新。对少数战略性投资项目，要把党建和业务工作一起谋划、一起部署、一起落实、一起考核，通过党建工作有效解决党员干部在思想观念、工作作风和执行能力上的问题，确

---

　　* 此文节选自 2018 年中工作会和 2020 年 1 月公司全年工作会上的讲话。

保我们作为大股东的重大决策在出资企业得到落实。

新时代新起点，要继续以党建引领企业文化建设，着力打造公司队伍"正气、大气、勇气、豪气"的特质。要传承央企红色基因，立场坚定、是非分明，始终听党话、跟党走，不断涵养我们忠诚于党、忠诚于人民、忠诚于企业的正气。要切实履行好使命责任，在利益面前不能目光短浅、斤斤计较，在试点业务开展中秉持发展共进、合作共赢的原则，不断展现广大干部员工胸怀大局、着眼全局的大气。要直面挑战、迎难而上，大胆探索创新，不断历练我们敢为人先、敢于担当、敢于作为的勇气。要胸怀远大理想，对所从事的国有资本运营事业始终抱持使命感和自豪感，不断彰显员工队伍功成不必在我、功成必定有我的豪气。要通过持续深化企业文化建设，为确保运营公司基业长青营造良好氛围。

总之，公司各级党组织要坚持抓党建从运营出发、抓运营从党建入手，围绕打造国有资本运营升级版的重点要求，紧密结合本企业实际情况，找准做实基层党建工作的切入点和发力点，把政治功能强不强、作用发挥好不好、经营业绩优不优作为基层党建的重要考量，实现党的建设与资本运营融合促进。

深刻学习把握中国共产党精神谱系，
努力将运营试点不断推向前进*

公司经过 10 年发展，虽然取得了一些成绩，但仍然处于试点奋斗的探索阶段。在学习我们党百年精神谱系中，有四种精神特别需要公司广大干部员工继承和发扬。

一、传承弘扬"红船精神"，坚守国有资本运营公司的初心使命

2005 年，时任浙江省委书记的习近平同志在《光明日报》发表文章《弘扬"红船精神"走在时代前列》，首次阐释了"红船精神"的内涵，即"开天辟地、敢为人先的首创精神，坚定理想、百折不挠的奋斗精神，立党为公、忠诚为民的奉献精神"。"五四运动"爆发后，随着马克思主义和工人阶级、先进知识分子和工人阶级相结合，在中国成立统一的共产党组织的思想条件和阶级条件逐渐具备。在这样的历史背景下，中国共产党在上海和嘉兴南湖召开了党的一大，这一开天辟地的大事件铸就了我们党的精神的源头"红

---

* 此文节选自 2021 年 6 月公司讲党课时的讲座提纲。

船精神"。"红船精神"带给我们的启示，就是要坚守运营公司"为国理财、为民运营"的事业初心，弘扬共产党人"开天辟地干大事"的创业勇气，按照党中央部署和国资委要求，在新时代继续深化国有资本运营公司改革。

近年来，公司坚持党的领导、加强党的建设，党的组织体系不断健全，适合运营公司特点的党建工作新模式取得实质性突破，员工队伍"听党话、跟党走"的"央企意识""党员意识"明显增强，为深化运营公司改革试点提供较为坚实的政治保障。但从目前情况看，有的党员、干部仍然政治站位不够高、党的意识不够强，管党治党出现有所松懈的苗头；有的党员、干部政治判断力、政治领悟力、政治执行力还比较薄弱，不讲国有资本运营事业的大格局，眼里总是盯着个人负责的业务单元自留地，党委工作要求打折扣、讲条件、搞变通，甚至阳奉阴违，导致有些重点任务落实进度明显滞后预期；有的同志还没有真正从"两个维护"的高度来认识把握运营公司"服务央企为本"的功能定位，追求一些明显偏离投向要求的投资项目，甚至埋下风险隐患。我们必须清醒认识到，做强做优做大国有资本和国有企业，绝不是一个单纯的经济问题，更是一个重大的政治责任。作为党领导下的中央企业，必须继续传承弘扬"红船精神"，始终坚守初心使命，对照运营公司功能定位来指导开展工作，保证深化改革的正确方向不偏离。

二、传承弘扬"井冈山精神"，坚守实事求是、敢闯新路的奋斗路径

2016 年，习近平总书记在江西考察时阐释了井冈山精神的内涵，即"坚定执着追理想、实事求是闯新路、艰苦奋斗攻难关、依靠群众求胜利"。土地革命时期，以毛泽东同志、朱德同志为代表的老一辈无产阶级革命家，在秋收起义和南昌起义遭到挫折的情况下，审时度势，率领工农革命军转移到井冈山，在白色政权的包围之下建立起全国第一个农村革命根据地。这期间，毛泽东同志提出"工农武装割据"思想，回答了"中国的红色政权为什么能够存在"的问题，探索出一条符合中国国情的农村包围城市、武装夺取政权的革命道路。我们在运营公司试点中弘扬"井冈山精神"，就是要继续保持求真务实、勇于创新的奋斗姿态，在破解发展难题、探索运营新路上，注重从实际出发，确保公司改革发展稳步前进。

前段时间，有媒体采访时谈到企业家精神。我认为现阶段要强调企业家"务实、创业、担当、作为"。其中，务实就是要沉下去、钻进去，及时发现、剖析企业经营发展中遇到的重点问题、焦点问题、突出问题，实实在在地研究拿出举措。企业家的探索创新也好，冒险精神也好，都应该在"务实"这个基本原则下来实现。比如，公司在试点之初曾

在产业投资、企业培育等方面作过一些尝试，但未能取得预期效果。2018 年下半年以来，公司党委组织广大干部员工认真总结前期实践经验教训，反复学习领会习近平总书记关于改组组建两类公司的系列重要讲话精神，深刻把握中央关于运营公司"实现国有资本合理流动和保值增值"的定位要求，按照商业一类国有企业属性，明确不再追求掌控具体产业，强调要以提高资本运营效率和回报为目标，在加快资本流动中促进布局结构优化，由此校准明晰战略目标和发展方向。在务实的基础上，我们还要努力创业、担当、作为。运营公司区别于投资公司、产业集团，没有实体主业；也不是金融机构，尚未取得核心金融牌照，如何开展资本运作没有可资借鉴的先例。试点以来，按照中央明确的运营公司功能定位，公司逐步探索形成基金投资、金融服务、资产管理、股权运作、境外投资五个业务板块，实现了跨越式发展。"十四五"时期，要按照中共中央、国务院关于深化运营公司改革的决策部署，认真落实改革三年行动方案的明确要求，弘扬"井冈山精神"，坚定执着追理想，实事求是闯新路，紧紧围绕公司"1345"战略目标，适应宏观政策要求、产业发展趋势、央企改革需求的动态变化，探索完善轻资产运营模式，更好发挥功能作用，加快打造国有资本运营升级版。

三、传承弘扬"长征精神"，坚守迎难而上、艰苦奋斗的 使命担当

2016 年，习近平总书记在纪念红军长征胜利 80 周年大会上指出，伟大的"长征精神"就是"把全国人民和中华民族的根本利益看得高于一切，坚定革命的理想和信念，坚信正义事业必然胜利的精神；为了救国救民，不怕任何艰难险阻，不惜付出一切牺牲的精神；坚持独立自主、实事求是，一切从实际出发的精神；顾全大局、严守纪律、紧密团结的精神；紧紧依靠人民群众，同人民群众生死相依、患难与共、艰苦奋斗的精神"。在"第五次反围剿"失败后，我们党面临生死存亡的严峻考验，红军主力部队决定进行战略转移。在二万五千里的征途中，红军将士日均行军 74 里，同敌人进行 600 余次战役战斗，跨越近百条江河，穿越被称为"死亡陷阱"的茫茫草地，攀越 40 余座高山险峰，完成了震撼世界、彪炳史册的长征。国有资本运营公司的试点探索要求全系统要大力弘扬"长征精神"，迎难而上、艰苦奋斗，走好新时代的长征路。

试点五年，尽管公司取得了显著成绩，但从当前深化改革的实际看，还面临不少困难。我在这里概括为"四难"。一是难在外部有挑战。随着疫情防控期间经济纾困政策陆续退出，货币政策力度边际收紧、债券市场利率回升，加之企

业债券违约事件和偿债高峰期集中到来影响，资本运营获取资金的有利环境将发生变化；投资机构竞争逐步从价值发现走向价值创造，市场资金加速向头部机构聚集，相当一部分私募股权投资基金将面临运作上的更大困境。二是难在业务有瓶颈。如公司各只基金还未真正经历"募投管退"全周期考验，面临募资和项目退出的双重考验；商业保理、融资租赁持续提升规模难度较大，"企票通"平台尚未形成规模效应，资信评级业务竞争日趋激烈；资产管理板块"两非两资"剥离处置业务布局亟待加快，新业务增长引擎还未形成；股权运作效益受经济周期和资本市场波动影响较大、风险增加，在风险可控情况下拓展可用资源、保持稳定效益面临挑战；境外投资板块在当前国际形势下保持业绩稳定的压力也逐步增大。三是难在改革有梗阻。目前，公司系统内一些同志对深化运营公司改革的重要性必要性认识不足，怕动真碰硬搞改革引发不稳定因素，存在"不敢改"的畏难情绪；有的子企业习惯停留在"小富即安"的"舒适区"，谋划业务发展多，推动改革力度不够，一些重点改革任务尚未实质"破题"落地，存在"不想改"的观望心态；有的单位对改革政策的学习应用不到位，找不准工作突破口，一定程度存在被动等待"手把手"指导的现象，存在"不会改"的现实问题。四是难在人才有缺口。公司虽然在试点中延揽了一大批高素质人才，但急需的产业、管理等"高精尖缺"

人才仍存在较大缺口，个别板块还出现了高层次领军人才缺乏与业务骨干流失苗头并存的现象，人才储备和综合素质总体还难以满足未来运营公司改革发展的现实需要。要破解这些发展道路上的难题关隘，需要公司全系统强化使命担当，大力发扬"长征精神"，主动攻坚克难，坚决克服等、靠、要等消极思想，以勇于自我革命的气魄、坚韧不拔的毅力、不屈不挠的意志不断把国有资本事业推向前进。

四、传承弘扬"西柏坡精神"，坚守谦虚谨慎、不骄不躁的优良作风

在西柏坡召开的党的七届二中全会上，毛泽东同志告诫全党同志要"务必继续保持谦虚、谨慎、不骄、不躁的作风，务必继续保持艰苦奋斗的作风"。"西柏坡精神"就是谦虚谨慎、艰苦奋斗的精神，敢于斗争、敢于胜利的精神，依靠群众、团结统一的精神。七届二中全会后，党中央离开西柏坡向北平进发，毛泽东把这个比喻成"进京赶考"，对全党提出"绝不当李自成，希望考个好成绩"的殷切希望。继承发扬"西柏坡精神"，就是要求我们交出五年试点合格的"初试答卷"之后，要在深化运营公司改革的"大考"中继续开拓探索，绝对不能躺在试点功劳簿上沾沾自喜，更不能因为过去的成绩而骄傲自满，要深刻意识到国有资本运营事业还有很多"考题"需要给出答案。

　　前段时间公司组织力量集中研究了下一步发展中面临的一些突出的结构性问题。比如，现金流入与流出的问题。运营公司在投资初期存在投资性现金流出的现象，同时在向央企提供保理、租赁等金融服务中也产生经营性现金流出。2020年，公司配合央企专业化重组和股权多元化改革，先后出资入股有关兄弟央企集团，2021年对一些央企重大重组事项还将继续进行出资。针对目前现金流出大于流入的情况，各业务板块都必须深入、专业算好账，认真平衡好巨额资金的占用成本，确保不发生财务风险。再如，现金收益与估值收益结构占比的问题。运营公司在大量股权投资，包括各种私募股权投资基金项目还未退出的阶段，客观存在较大比例的估值收益。通过近年来的努力，公司效益结构已经得到明显改善，去年总收益中现金及参股收益占比明显提升，估值收益占比明显减少，但带息负债依然面临较大的成本压力。对此，公司提出要继续提升现金及参股收益占比，进一步增强公司抵御风险的资金实力。还如，各业务板块之间均衡发展的问题。近三年来，公司各业务板块发展逐步趋向均衡，股权运作、基金投资、金融服务等板块收益持续提升，境外投资平台已经从前几年占公司整体净利润比重的90%降至不到40%，资产结构质量呈现不断优化的良好态势。未来，要在巩固提升现有五大业务板块的同时，争取再打造2~3个新业务板块，从而形成"5+X+1"业务发展新布局。上述这些问题，都需要公司全系统在下一步试点"大考"中交出合格答卷。

同时应该看到，公司国有资本运营队伍也面临新的考验，存在一些值得高度警惕的现象。比如，有的企业违反中央八项规定精神，仍然存在大吃大喝、公款旅游、违规乘坐交通工具等现象，"四风"问题有所反弹回潮，个别案例还非常典型；有的干部员工对待工作拈轻怕重，遇到困难问题就绕着走，习惯性地拖一拖、放一放、等一等，几个月过去了还在研究讨论，就是拿不出切实可行的举措；个别团队明显缺乏规矩意识和责任意识，对重大投资项目的复盘总结流于形式、敷衍塞责，将出现的偏离问题归咎于外部原因，对于自身职责则轻描淡写、一语带过。这些苗头性、倾向性现象必须及时刹住。我们要在新征程上实现行稳致远，就必须弘扬"西柏坡精神"，在"十四五"时期继续保持谦虚谨慎，牢固树立抓铁有痕、踏石留印的过硬作风，聚焦"1345"战略目标扎实做好各项工作，确保交出一份党中央满意、人民满意、出资人满意的国有资本运营的优异答卷。

加强党的领导、党的建设，是推动国有资本运营事业深入发展的根本政治保障*

回顾公司第一届党委成立五年来的工作和这一阶段的试点历程，我们有以下五个方面的重要体会。

一、坚持党的领导加强党的建设，是探索推动国有资本运营事业的"根"和"魂"

坚持党的领导、加强党的建设，是我国国有企业的光荣传统和独特优势。我们作为一家中央企业，必须旗帜鲜明讲政治，坚持"两个确立"、践行"两个维护"，做到党中央决策部署到哪里，总书记号令指挥到哪里，我们就坚决跟进落实到哪里。这是对国有资本运营公司的本质要求，也是我们试点中不断夯实"根"和"魂"最深刻、最根本的体会。改组组建"两类公司"，是以管资本为主改革国有资本授权经营体制的重要举措。这五年，公司之所以在国有资本运营试点中取得明显成绩，在于始终把党对国有企业的领导作为

---

* 此文节选自 2022 年 7 月公司第二次党代会上的报告。

必须坚守的政治方向和政治原则，始终坚持管资本就要管党建。全系统深入学习贯彻习近平总书记关于国企改革发展和党建的一系列重要讲话和重要指示批示精神，深刻领会国有资本运营事业的政治性和人民性，从讲政治的高度牢牢把握国有资本运营的正确方向，坚决摒弃运营公司无主业限制、"什么挣钱投什么"的错误观点，自觉围绕"国之大者"谋划企业发展，在政治领导、思想领导、组织领导上统筹发力，以实际成效践行"央企姓党、为民运营"的政治责任，确保党和国家方针政策、重大决策部署在公司得到坚决有力地贯彻执行。

二、坚持用创新理论武装头脑，是探索推动国有资本运营事业的根本方法

习近平新时代中国特色社会主义思想是当代中国马克思主义，实现了马克思主义中国化新的伟大飞跃。这一重要思想是公司完成好党中央、国务院交给的试点任务的根本遵循。组建国有资本运营公司是党的十八届三中全会要求以管资本为主改革国有资本授权经营体制的创新之举，没有前人先路可循，需要"试点先行、大胆探索，尽快形成可复制、可推广的经验和模式"。这五年，通过深入学习贯彻习近平新时代中国特色社会主义思想，特别是习近平总书记关于运营公司的重要论述，全系统对运营公司"从哪来、到哪去，

干什么、怎么干"有了更加清晰的认识，在试点探索上实现
了从曲折开局、到厘清方向、再到大踏步推进的演变提升，
重视运用创新理论使公司发生了可喜的巨大变化。我们深刻
体会到，从运营公司试点到深化运营公司改革，必须坚持以
创新理论指导试点实践，着力探索国有资本运营规律；必须
自觉运用创新理论把握国有资本运营公司功能定位和试点使
命，深入开拓具有自身特点的运营发展之路；必须重视掌握
创新理论的科学方法，不断应对解决国有资本运营中的新课
题新挑战。

三、坚持党建与业务深度融合，是探索推动国有资本运营
事业的内在要求

　　没有脱离业务的党建，也没有脱离党建的业务，党建工
作要贯彻落实中央的大政方针，号脉把准国有资本运营公司
业务发展实际需要，眼光向内，在抓党建与业务深度融合上
下功夫，有效避免"两张皮"。这五年，公司党委着力夯实
党的组织覆盖和工作覆盖，强调各板块公司要在党委统一领
导下，上下一盘棋，既要依照各自功能定位来开拓运营空
间，更要构建符合自身特点的党组织坚强堡垒，形成全系统
的党建合力。公司各业务板块注重把握国有资本运营公司投
资驱动的特质，通过党委前置研究讨论和党支部集体研究把
关，把党的民主集中制原则贯彻到投资决策中，坚决防止盲

目轻率决策和领导个人说了算，有力保证决策的政治性和科学性相统一。我们针对财务性持股为主的运营特点，全系统不断强化党建赋能，强调不仅在业务发展上对所投非公企业提供实际帮助，在政治方向和组织建设上也同步给予把关和引导，有效带动社会资本共同发展。五年来的实践证明，凡是试点和经营发展做得好的所出资企业，党建的引领、保障也一定好。深化运营公司改革，必须持续推进党建与业务的融合不断走向深入。

四、坚持"四个铁一般"要求，是探索推动国有资本运营事业的队伍抓手

搞好国有企业，关键在党、关键在人。人才是开展国有资本运营的第一资源，是"资本＋人才＋技术"轻资产运营模式的核心要素。这五年，公司党委按照习近平总书记"铁一般信仰、铁一般信念、铁一般纪律、铁一般担当"的明确要求，坚持把党管干部、党管人才原则与市场化选人用人机制相结合，严管和厚爱、激励和约束并重，着力建设高素质专业化的领导干部队伍和优秀人才队伍。公司党委既强调党组织对干部人才队伍的统一领导和严格管理，着力推动原来分散在街道、楼宇党组织的党员组织关系实现"回归"，纳入党委统一管理，持续传递"央企姓党"意识，肩负政治责任，上好"红色底漆"；又注重

积极发挥市场化机制作用，引导干部人才胸怀党和国家战略全局、立志国有资本运营事业、专注工作岗位建功立业，自觉把"小我"融入"大我"，实现人生价值。随着国有资本运营公司试点不断深入，我们越来越深刻体会到，只有打造一支政治上、能力上、作风上全面过硬的国有资本运营"铁军"，才能为高质量发展提供源源不竭的智力和动力。

五、坚持全面从严治党，是探索推动国有资本运营事业的政治保障

在十九届中央纪委六次全会上，习近平总书记强调全面从严治党是新时代党的自我革命的伟大实践，开辟了百年大党自我革命的新境界。国有资本是全体人民的共同财富，运营公司运营国有资本，既是党对我们的信任，更是运营公司承担的神圣使命和重大责任。公司不少业务往来资金数额巨大、交易对象复杂，广大党员、干部和员工必须要有严明的纪律、过硬的作风和强烈的"红线意识"。这五年，公司党委始终坚持严的主基调，持续推进正风肃纪反腐，严肃惩戒违规违纪行为，重视防范道德风险，进一步压实了"关键少数"管党治党的政治责任，形成了良好的警示教育效果，有力推动公司政治生态持续向好。我们越来越深刻体会到，越是改革发展进入深水区、攻坚期，越要坚持不懈把全面从严

治党向纵深推进。要以"时时放心不下"的责任感，以永远在路上的坚定执着，继续打好党风廉政建设和反腐败斗争攻坚战、持久战，为国有资本运营事业行稳致远提供坚强的政治保障。

后　记

在《从政策制定到企业实践：国有资本运营背后的探索足迹》即将付梓之际，我的心中充满感慨与感恩。回顾这段整理书稿的过程，犹如重新走过往昔岁月，在四十余年的职业生涯中，我亲身经历和见证了我国国资国企不同阶段的改革发展历程，并有幸肩负新时代国有资本运营公司改革试点的重任，深感来路之艰辛、挑战之巨大、成绩之不易。因此，本书的编写和出版，凝聚着众多前辈、同仁和实践者的智慧和心血，我不过是在巨人的肩膀上，做一些梳理和总结。

在此，我首先要特别感谢组织上多年来对我的培养和信任，为我提供了广阔的实践舞台和宝贵的发展机遇；衷心感谢在各个岗位上给予我指导帮助的各级领导和同事，如果说我的事业还算取得了点滴成果，那都离不开他们对我的悉心指导和倾力相助；我还要感谢各位亲朋好友，他们是我坚强的后盾，给予了我许多理解、鼓励和支持。

　　国有资本运营是一个不断创新、不断开拓的领域，随着时代发展，新的问题和挑战也在不断涌现。本书的内容主要节选自不同时期发表的文章和讲话，受限于特定阶段和个人水平，部分观点难免存在局限性和不当之处。此外，为本书内容编排逻辑上的考虑，多数文章个别文字略有调整，同时另加了标题。作为抛砖引玉之作，真诚希望本书能为国有资本运营事业的发展作出绵薄贡献。

2025 年 3 月